转型培训师

金牌讲师的12堂必修课

曹恒山　傅一声
著

电子工业出版社
Publishing House of Electronics Industry
北京·BEIJING

未经许可，不得以任何方式复制或抄袭本书的部分或全部内容。
版权所有，侵权必究。

图书在版编目（CIP）数据

转型培训师：金牌讲师的 12 堂必修课 / 曹恒山，傅一声著 . —北京：电子工业出版社，2022.7

ISBN 978-7-121-43460-0

Ⅰ. ①转… Ⅱ. ①曹… ②傅… Ⅲ. ①职业培训 Ⅳ. ① C975

中国版本图书馆 CIP 数据核字（2022）第 080511 号

责任编辑：郭景瑶
文字编辑：刘 晓
印　　刷：北京捷迅佳彩印刷有限公司
装　　订：北京捷迅佳彩印刷有限公司
出版发行：电子工业出版社
　　　　　北京市海淀区万寿路 173 信箱　邮编：100036
开　　本：720×1000　1/16　印张：16.25　字数：234 千字
版　　次：2022 年 7 月第 1 版
印　　次：2025 年 1 月第 2 次印刷
定　　价：58.00 元

凡所购买电子工业出版社图书有缺损问题，请向购买书店调换。若书店售缺，请与本社发行部联系，联系及邮购电话：(010) 88254888，88258888。
质量投诉请发邮件至 zlts@phei.com.cn，盗版侵权举报请发邮件至 dbqq@phei.com.cn。
本书咨询联系方式：(010) 88254210，influence@phei.com.cn，微信：yingxianglibook。

前言

FOREWORD

2021年3月19日,人力资源社会保障部、国家市场监督管理总局、国家统计局发布文件《人力资源社会保障部、国家市场监督管理总局、国家统计局联合发布集成电路工程技术人员等18个新职业》。

文件称,为充分适应和反映人力资源开发管理需求,促进劳动者就业创业,人力资源社会保障部建立了新职业发布制度,实施职业分类动态调整。2020年,人力资源社会保障部委托中国就业培训技术指导中心发布了《关于持续开展新职业信息征集工作的通告》,面向社会公开征集新职业信息。日前,经自主申报、专家评估论证、书面征求中央和国家机关有关部门意见、面向社会公示征求意见等程序,人力资源社会保障部会同国家市场监督管理总局、国家统计局向社会正式发布了集成电路工程技术人员、企业合规师、公司金融顾问、易货师、二手车经纪人、汽车救援员、调饮师、食品安全管理师、服务机器人应用技术员、电子数据取证分析师、职业培训师、密码技术应用员、建筑幕墙设计师、碳排放管理员、管廊运维员、酒体设计师、智能硬件装调员、工业视觉系统运维员等18个新职业信息。这是《中华人民共和国职业分类大典(2015年版)》颁布以来发布的第四批新职业。此次在发布新职业信息的同时，还调整变更了"社区事务员"等有关职业工种信息。

至此，职业培训师被国家正式认定为"新职业"。

另外，国家"十四五"规划中也明确提出了以实施技能中国行动为牵引，大规模多层次开展职业技能培训，着力提升劳动者素质的相关要求。培训行业蓬勃发展，而经济向好也带来了企业对职业培训师需求的激增。

然而，据"好讲师网"2021年9月提供的数据，该网站之前搜集到25000多条培训师数据，但经过多年对这些培训师职业现状的调查发现，其中全自由职业培训师只有3000多人，真正受企业欢迎的不到1000人。

综合以上信息可以得出三点结论：

1. 职业培训师作为一份新职业得到了国家的认可；
2. 国家大力支持社会和企业开展多层次职业培训；
3. 职业培训师从业人员的缺口很大，发展空间大。

目前国内职业培训师的从业人员根本无法满足社会和市场的需求，存在很大的缺口，很多人想要成为职业培训师，但"心有余而力不足"。很多企业培训师、人力资源从业人员，以及高校讲师、企业高管等，在进入这个赛道后才发现这条路并不好走，很快便陷入了职业瓶颈。

本书顺应时代脉搏，两位作者，一位是70后资深职业培训师，另一位是90后新锐培训师，二人的年课量都超过200天，既有丰富的从业经验，又有精湛的授课技能，还掌握着最新、最前沿的职业培训师自我营销手段，且都想毫无保留地向读者朋友们分享自己的"实战手册"！

本书内容详尽，分为四篇，每篇包含三章，共计十二章。

"转型篇"详细阐述培训师的成长赛道，深度解析培训师这个职业，一针见血地分享培训师的必备素养，从过去、现在、未来三个时间维度剖析培训行业，帮助读者系统地建立对培训行业的认知，找到自己的初心和发展方向。

想要入行的朋友，和已经入行的朋友，一定要详细阅读本篇。

本篇提出，培训师属于自由职业，一个人就是一个团队，需要拥有更加综合的素质，缺少一项技能都可能无法获得成功。培训师想要成功，必须具备三大要素——内容好、氛围好、营销好。同时具备内容好、氛围好、营销好的培训师，我们称为"三好讲师"。本书致力于帮助读者成为"三好讲师"。

"内容篇"高效阐述爆款课程的开发与设计方法。本篇根据一般培训的准备流程，从培训分析、内容设计、PPT制作三方面展开。培训师在接到一个培训需求时，该如何进行需求调研与分析，从而制定合理的学习目标，并确定课程标题？接着该如何进行内容设计，制定课程内容大纲与具体内容？最后该如何制作课件，并做好培训前的各项准备工作？本篇旨在帮助培训师做到"内容好"，新手培训师根据书中介绍的步骤可以又好又快地开发出自己的核心课程，资深培训师可借鉴其中的一些优秀经验。

"氛围篇"系统分享了两位作者精彩课堂呈现的经验，从培训师的呈现技巧、培训师的控场技巧、轻松打造好氛围三个方面展开，无论是新手培训师，还是资深培训师，都能够在本篇找到很多灵感，不断精进自己！

"营销篇"是本书的重要特色之一，独家揭秘爆款课程秘诀与IP打造背后的战略与战术！结合最新的市场现状和培训技术，详细阐述在这个互联网时代，培训师如何精准定位与自我包装、如何做好自我营销、如何成为线上授课高手，旨在帮助培训师做到"营销好"，提高课量，提升个人影响力。

本书层次分明，以终为始，相当于既给了培训师们一张完整的"地图"，又对地图中的行动路线做了详细的攻略，犹如一位"向导"陪伴着读者一路走向成功的终点。

此外，本书还为读者准备了200多页的配套PPT和各类资料包，**微信公众号搜索"傅一声"，关注公众号并回复关键词：转型培训师，即可免费领取。**

三类读者值得阅读本书：

第一类，想入行的朋友，可将本书作为从业指导手册和技能训练的枕边书；

第二类，已经入行但课量不多的新手培训师，可以从书中学习如何提升授课能力、课程开发和自我营销能力，从而提高课程满意度和返聘率；

第三类，资深培训师，可学习如何成功转型，如何借助互联网和个人IP的打造，让自己的事业更上一个台阶。

总之，无论你是想当培训师，还是想提高课量，或是想快速成长为知名IP，都请认真阅读这本书吧！

目录 CONTENTS

| 转型篇 |

培训师的成长赛道

1 CHAPTER | 第一章 | 我想转型成为培训师 _002
　　一、"神秘"的培训行业 _003
　　二、高价值感的自由职业 _009
　　三、定位自己的授课方向 _013

2 CHAPTER | 第二章 | 职业常青的秘密 _018
　　一、不越红线 _018
　　二、爆课秘诀 _022
　　三、终身学习 _026

3 CHAPTER | 第三章 | 抓住培训发展机遇 _031
　　一、快速崛起——培训业的发展历史 _031
　　二、转型边缘——培训行业的现状分析 _036
　　三、生态共存——未来趋势与发展 _041
　　四、创新自救——培训机构的未来 _045

| 内容篇 |

爆款课程的开发与设计

4 CHAPTER

| 第四章 | 把握培训需求 _053

一、需求调研，直击痛点 _054

二、需求分析，入木三分 _061

三、学习目标，引人入胜 _065

四、课程标题，一见钟情 _067

5 CHAPTER

| 第五章 | 设计课程内容 _072

一、经验萃取实操步骤 _072

二、打动人心的案例与故事 _077

三、用便签法快速构建框架 _083

四、用鱼骨图快速设计课程 _085

五、打造"知识单元"七步法 _087

六、设计高质量的课程大纲 _090

6 CHAPTER

| 第六章 | 打磨 PPT 课件 _096

一、PPT 的制作流程 _097

二、制作 PPT 的高效工具 _100

三、制作 PPT 时的十大误区及相应的解决方案 _114

|氛围篇|

打造精彩的课堂呈现

7 CHAPTER |第七章| **精彩呈现的四项修炼** _118

一、巧用教具 _118

二、发声技巧 _122

三、语言表达 _128

四、肢体表达 _132

8 CHAPTER |第八章| **完美演绎的三个节点** _134

一、赢在开场 _134

二、重在中场 _146

三、胜在收场 _153

9 CHAPTER |第九章| **极致氛围的五大绝招** _159

一、幽默风趣 _159

二、激励技巧 _163

三、提问互动 _169

四、游戏互动 _171

五、角色扮演 _173

| 营销篇 |

爆课秘诀与培训师 IP 打造

10 CHAPTER

| 第十章 | 培训师的定位与包装 _178

　　一、培训师的定位 _178

　　二、培训师的包装 _187

11 CHAPTER

| 第十一章 | 培训师就该这样做推广 _192

　　一、打造个人品牌 _192

　　二、新媒体营销 _207

　　三、鱼塘式营销 _215

12 CHAPTER

| 第十二章 | 培训师线上转型之道 _217

　　一、线上课的作用 _217

　　二、线上课的分类 _221

　　三、平台选择 _224

　　四、录播课程策划与制作 _228

　　五、直播课设计与讲授技巧 _235

结语 _247

参考文献 _249

| 转型篇 |

培训师的成长赛道

CHAPTER 1

01

| 第一章 |
我想转型成为培训师

"我想转型成为培训师，应该怎么做？"近年来，越来越多的朋友这么问我们，其中有学员，有HR，有管理者，也有老板。很多人对培训师这个职业既向往又敬畏，想入行却不知从何处下手。尤其是在2021年国家将职业培训师归为新职业后，越来越多的人想转型成为培训师。

2020年底，傅一声参加"培训师推优大赛"。在比赛现场，他发现了一个很有意思的现象，那就是参加决赛的选手来自各行各业，其中包含主持人、演员、退役军人、家庭收纳师、月嫂、医生、设计师、作家等，真正的培训师占比不到10%，让人感到十分意外。

可以看出，转型成为培训师是当前很多人的想法，但是转型不是一件轻松的事。我们要了解这个行业到底是怎样的，这个行业的发展现状如何，收入是否可观，这样才能知道自己是否适合当培训师，以及如何转型。

第一章
我想转型成为培训师

一、"神秘"的培训行业

提到培训师，大多数人的印象是：空中飞人、行业大咖、时间自由、年入百万。这个新兴的神秘职业引起了很多人的兴趣，很多HR、企业管理者、专业人士、创业者都想成为培训师，都希望过上令人"向往的生活"。

市面上不乏讲述培训技巧的书籍与网络课程，还有很多由资深培训师开办的训练营，很多人学了一圈后，从一个坑跳入另一个坑，始终没有成功转型为培训师。其实，这个职业的从业环境充满选择，也充满陷阱。

我们必须认识到：培训是一个行业，每个行业都有自己的行业生态；培训师是一个职业，每个职业都有自己的生存法则。理论上，人人都能成为培训师，但若以为有点经验、做过培训管理工作、有一门课程就能转型成为培训师，那便低估了这个行业的残酷性。

只有系统地了解培训行业生态，了解培训师的胜任力模型，才能朝着正确的方向精进，过上真正令人"向往的生活"。

追本溯源，培训师到底是什么呢？

培训师（Trainer）泛指以授课为主要工作的人群。培训师的范围较广，根据工作性质与内容不同又可继续细分。不过，细分标准并没有严格的规定，界限较为模糊。通常，在企业内部为员工讲课的培训师被称为"企业培训师"或"内训师"（Internal Trainer），非全职供职于某一家企业的培训师被称为"职业培训师"（Professional Trainer）。

我们经常听到的商业讲师、咨询师、教练等，都算培训师吗？他们之间到底有什么关系呢？这是困扰很多朋友的问题。根据相关职业标准与行业的约定俗成，培训师可细分为以下几种。

1. 职业培训师

职业培训师的定义是面向全社会劳动者进行专业性、技能性、实操性职业（技能）培训一体化教学及培训项目开发、教学研究、管理评价和咨询服务等相关活动的教学人员。

职业培训师的主要工作任务包括：根据经济、技术和社会就业需要，开展职业培训需求调查分析；开发职业培训项目、课程与教材；进行职业培训教学研究与教学改革，制订职业培训计划和实施方案；运用现代职业培训理念和技术方法，实施职业培训教学活动；负责职业培训全过程与效果的全面管理，对学员学习情况进行考核与评价；提供职业培训咨询和指导服务等。

职业培训师也被称为"职业讲师"，是给个人或企业讲授具有一定价值的课程并获得相应报酬的授课教师。

职业培训师分为两类：一类是受雇于某一家培训机构的独家签约讲师；一类是不受雇于任何一家培训机构，只跟各家企业签约的讲师，他们比较自由，也被称为"自由讲师"。不少人在刚入行时，为了能够获得培训机构这个平台的资源，会选择成为某一机构的独家签约讲师；随着资源和渠道的增多，合同到期后则会转型为自由讲师。

2. 商业讲师

商业讲师（Business Lecturer）是近几年兴起的一个新词，与职业培训师在本质上的区别不大，两者都是讲授具有一定价值课程的培训师，但商业讲师更多体现的是其个人的商业价值，有一点职业培训师"升级版"的意思。

简单区分，职业培训师主要卖的是"课"，商业讲师主要卖的是"人"，而且商业讲师的课程相对聚焦，标签更明显，商业讲师通常都有自己的版权课，不少知名商业讲师本身就是一个大IP，是具有较高商业价值的培训师。

3. 内训师

内训师指受聘于某一家企业，专门为该企业服务的内部培训师，其授课对象为本企业的员工。大部分内训师由企业内部人员兼任，企业会按其工作量给予报酬或补贴。规模较大的股份公司、直销公司或老牌外资企业往往很重视企业培训体系的建设，因此会配备专职的内部培训师。

如今，越来越多的企业成立了自己的企业培训中心或专门负责培训的分公司，从各个岗位中遴选精英骨干和潜力讲师，对他们加以培养，为企业员工做更多的经验分享和"传帮带"。很多职业培训师都是从内训师做起的。

4. 高校教师

有一些高校教师也会外出给企业讲课，但从严格意义上讲，他们不能算作培训师。他们有的是直接受企业邀请的，有的是与培训机构签约的，由培训机构安排授课。在培训市场上，企业常把高校教师称为"学院派"。

5. 教练

在培训市场上，很多培训师被称为"教练"。教练到底指什么呢？教练主要分为以下三类。

第一类是拓展教练。通过互动游戏体验、小组协作 PK 等活动项目来启发学员自己感悟的培训形式，被称为"体验式培训"（Experiential Training），国内也叫"拓展训练"。实施这类培训的人员就被称为"拓展教练"。拓展教练分为户外和室内两种，都是通过游戏和实施小组项目来启发学员的，培训强调趣味性和启发性，主要目的是通过设计好的游戏项目，以带领受训团队体验的方式培养团队的凝聚力和协作力。

第二类是沙盘模拟培训（Sand-table Simulation Training）教练，他们通过沙盘情景类游戏启发学员。例如，在领导力沙盘中，他们通过角色扮演、情景演练及对企业经营管理的模拟来培养学员的团队精神和管理技巧，全面提升学员的管理能力。沙盘模拟培训以其特有的互动性、趣味性、参与性、竞争性等特点，最大限度地激发学员的学习兴趣，使学员在游戏中自己感悟，形成了一套集情景式、互动式、自主性、角色扮演为一体的教学体系。

第三类是国际教练联盟（International Coach Federation）定义的"教练"。严格来说，该类教练不属于培训师。国际教练联盟这样定义"教练"："专业教练作为一个长期伙伴，旨在帮助客户成为生活和事业上的赢家。教练帮助客户提升个人表现，提高生活质量。教练经过专业的训练，聆听、观察客户，并按客户个人需求定制训练方式。他们激发客户自身寻求解决办法和对策的能力，因为他们相信客户是生来就富有创意与智慧的。教练的职责是提供支持，以增强客户已有的技能和创造力。"教练技术是每位优秀培训师都应该学习和掌握的技术之一,在培训和咨询场景中应用这些技术,能极大地丰富学员的收获和体验,对培训工作具有积极意义。

6. 咨询师

咨询师是指运用专业知识、技能和经验,通过咨询的技术与方法,帮助个人或组织解决问题或提供方案的专业人员,如心理咨询师、求职咨询师、管理咨询师、营销咨询师、战略咨询师等。培训往往是咨询项目中的一部分。

咨询师在未来的培训行业发展中具有优势地位,因为企业更希望第三方进驻企业,以真正地帮助自己实施落地措施。

咨询师要帮助企业解决实际问题,就必须具备丰富的实操经验。有经验的咨询师就好比老中医,通过对企业进行调研找到问题的根源,通过系统的改革帮助企业实现目标。

7. 网络培训师

网络培训师特指从事网络培训的专业人士。网络培训又称"在线培训""网络学院""网络教育"和"在线学习"等。随着我国互联网的发展,成人教育、职业考证、软件开发、职场技能等领域课程的网络培训所占比例越来越大,网络培训师的职业缺口也越来越大。

8. 助教

助教原则上不参与授课,但会承担主持、破冰、布置教室和跟进作业等事务性工作，有些专职助教还会帮培训师对接客户。

有些助教跟课时间长了，也会逐渐转型成为讲师。很多知名培训师一开始也是从助教做起的，所以想成为好培训师，可以先尝试从助教做起。各种培训师的对照见表1-1。

表1.1 各种培训师对照表

名称	平台	收入	授课方式	优势	劣势
独家签约讲师	签约于一家培训机构	按月或按天结算	企业内训与公开课	资源丰富，有研发团队和运营团队	限制多，收入相对较低
自由讲师	签约多家培训机构或自有培训公司	按天或按小时结算	企业内训与公开课	收入高，限制少	单打独斗，缺少团队支持
商业讲师	签约多家培训机构或自有培训公司	按天或按小时结算	企业内训与公开课	收入高，自由度高，拥有核心竞争力	缺少固定酬劳，其收入全由商业价值决定
内训师	企业内部	企业补贴	企业内训	有固定酬劳，行业专业性强	薪酬比较低，自由度低，成长较慢
高校教师	高校或机构	按天或按次结算	总裁班与公开课	有高校的背景和福利保障	授课缺少互动，接"私活"有风险
教练	机构	按次结算	户外或室内	稳定的授课机会	门槛低，收益低，工作环境较差
咨询师	企业或机构	按项目阶段结算	进驻企业	项目落地，专业性强	占用时间比较长，需要对行业非常熟悉
网络培训师	网络平台	平台分成或销售所得	网课、线上训练营等	没有时间和空间的限制，不用出差	缺少现场互动性
助教	机构、培训师	按月或按次结算	跟随培训师，协助其授课	学习机会多	缺少商业价值，可替代性强，收入低

二、高价值感的自由职业

为什么培训师这个职业如此受欢迎？这源于很多人认为"培训师与打工人不同，非常有价值感"。笔者作为培训师，常常为自己的职业感到自豪，内心充满了幸福感。究其原因，还是因为培训师能实现自我价值、社会价值和商业价值。

第一，自我价值。

培训师是少有的能够满足人们所有需求的职业。著名的"马斯洛需求层次理论"（见下图）表明，人们需要动力实现某些需求，包含生理需求、安全需求、归属与爱的需求、受尊重的需求、自我实现的需求；人们在实现了低层次的需求后，便会想要实现更高层次的需求。

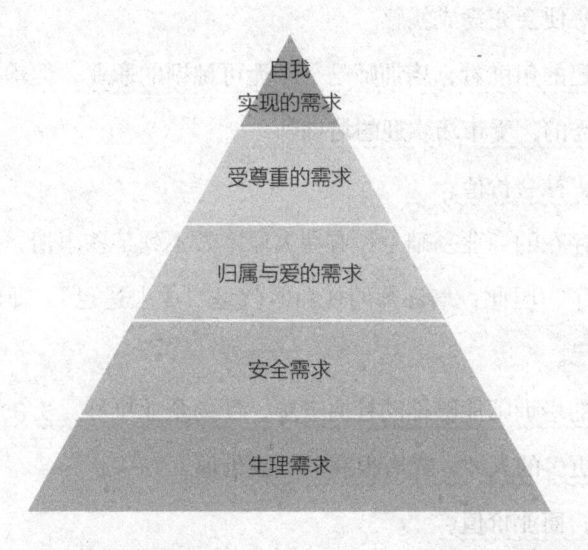

（1）生理需求指的是食物、水分、空气、睡眠、性的需求等，也就是生存的需求。培训师是高薪职业，能力强、口碑好的培训师可年入

百万，生活质量较高。

（2）安全需求指的是人们需要稳定、安全、受保护、有秩序、远离恐惧和焦虑等。由于培训师拥有个人竞争力，不需要依赖公司或平台，工作体面，工作环境好，接触的人素质高，再加上高薪带来的生活保障，因此他们往往具有很强的安全感。

（3）归属和爱的需求。培训师是一个与人打交道的职业，具有良好的人际关系。不仅如此，优秀的培训师人脉广，社交圈也广。

（4）受尊重的需求。培训师受企业尊重，受学员尊重，享受着鲜花和掌声。

（5）自我实现的需求。这是最高层次的追求，培训师在看到自己的工作使得他人活得更好、帮助企业更好地发展、推动着社会进步的时候，其内心便会充满成就感。

从利己的角度看，培训师是一个无可挑剔的职业，但前提是你能成为一名优秀的、受市场欢迎的培训师。

第二，社会价值。

培训存在的商业基础是：有些人原本做不到某些事情，但培训帮助他们做到了。因此，培训师的使命本就是"成人达己"，即成就他人才能成就自己。

优秀的培训师能够推动社会进步，帮助企业更好、更快地发展，为社会培养更多的人才，拥有很高的社会价值。

第三，商业价值。

培训师属于高收入人群，一天的课酬在几千元到几万元不等，行业知名培训师的课酬甚至更高，年薪动辄百万元甚至千万元。

第一章
我想转型成为培训师

高收入是商业价值的体现。企业为什么愿意支付这么高的报酬给培训师呢？因为他们能够通过培训为企业创造更多的价值。

2020年，某世界500强企业因新冠肺炎疫情几乎无法开展线下业务，员工没有事情可做，企业面临巨额亏损的风险。企业开展了一系列互联网营销课程，组织员工学习直播带货，使企业快速完成了向互联网营销的转型。直播带货的销售方式使该企业2020年第一季度的亏损减少了40%。由于企业具有了线上营销的能力，因此企业在2020年后三个季度逆市上扬，奇迹般地实现了业绩增长。更可贵的是，企业完成了"线上+线下"的营销变革，竞争力大大增强。该企业付出的培训费用不过几十万元，撬动的却是几十亿元的收入。培训师就像催化剂，可帮助企业和员工加速发展。

有商业价值的培训师需要具备三个能力。

第一，具有讲授一门好课的能力。 培训师至少应该拥有一门有竞争力的核心课程，该课程能够成为其王牌课程或版权课程，例如，曾仕强老师有"中国式管理"课程，李海峰老师有DISC课程等。一门核心课程能让培训师在市场上立住脚。

第二，具有演绎各类课程的技巧。 同样一门课，不同的培训师讲，呈现出的效果完全不同，培训师需要通过巧妙的授课技巧和个人魅力深深吸引学员。大道相通，演绎各类课程的技巧是培训师的基本功，本书的"氛围篇"将会重点讲述这方面内容。

第三，形成个人IP。 个人IP，也就是培训师的个人品牌，它能够大大增强其商业价值。

<u>培训师的商业价值往往呈现"价值递增"的规律。</u>培训师的从业时

间越长，其商业价值越高。

除此之外，培训师属于自由职业，很多人向往自由职业，因为其时间可控，且收入高，幸福感更强。

培训师的自由主要分为以下三种。

第一，时间自由。

培训师以讲课为谋生手段，有人约课，培训师就要按时交付，没人约课时，就可看书、备课、旅游。旺季来了使劲儿讲课，淡季到了拼命"浪"，这是许多培训师的真实写照。很多人想要转型成为培训师，因为这样可以兼顾工作与家庭，自由掌控时间，收入还不菲。

因为没有固定的上下班时间，也没有考勤要求，所以培训师需要更加自律。台上一分钟，台下十年功，培训师在讲台上的精彩发挥，需要背后付出几十倍时间的钻研、学习和打磨。

我们发现，一个人从事自由职业后工作的时长比在职时要长很多，但他不觉得累，为什么？因为他获得了第二种自由——身心自由。

第二，身心自由。

你有没有想过离职？为什么想离职？是因为工资太低、工作太累？还是因为忍受不了领导和客户的要求？或者是因为被各种规章制度束缚得身心俱疲？

很多朋友想要逃离职场，就是因为工作得不开心。为什么不开心？因为缺乏自由。

培训师真正达到了身心自由，没有办公室的复杂人际关系要处理，不用看领导脸色吃饭，也不用四处找客户，而是自己的心情自己做主，可以活出自我、活得潇洒。

培训师的身心自由就没有代价吗？当然有！如果培训师自身能力不足，业务量匮乏，还是得求着客户，满足客户的无理要求，因为他没有选择权和话语权；但是，如果培训师业务能力强，知名度高，客户则要排着队请他讲课，在这种情况下，他就会有很多选择权和话语权。

电影《让子弹飞》中有一句经典台词："我是想站着，还把钱挣了！"想站着挣钱，就得把选择权和话语权握在自己手中。

第三，财务自由。

培训师能够凭借自己的专业知识为企业快速解决问题，做的是有挑战性的智力工作，相应的报酬也较高，在一定程度上实现了财务自由。

正是培训师的"三大价值"和"三种自由"，才使它成为很多人向往的职业。

三、定位自己的授课方向

要想成为一名成功的培训师，必须有清晰的定位，要明确自己的专业领域。

很多人刚入行时非常迷茫，不知道自己应该讲什么课。其实，不要总想着自己要讲什么课，而要看市场需要什么课。只有在市场需求中找到自己的一席之地，你才能生存下来。

有位学员，从企业辞职出来当培训师，努力了一年也没有卖出去一节课。他在心灰意冷之际来寻求我们的帮助，我们问他讲什么课，他列出了自己研发的三个课程。看着课程名称，我们都不知道他要讲什么，难怪没有客户找他讲课。一个好的课程名字通常已经告诉客户课程定位是什么，大概讲什么内容了，在无形中也给培训师做了定位。

整个培训行业大概分为十个大类，其中又有很多细分的小类。培训师一定要找准自己的位置。

第一类：通用管理。包括领导力、MTP（Management Training Program，管理培训计划）、总裁班、组织变革、高层管理、中层管理、基层管理、沟通技巧、时间管理、目标管理、高绩效团队、团队凝聚力、团队建设、教练技术、沙盘模拟、危机管理、前瞻性思维、问题分析与解决、项目管理、阿米巴经营管理模式、创新管理、新生代员工管理、会议管理等课程。

第二类：营销服务。包括销售技巧、品牌营销、战略营销、大客户营销、狼性销售、电话销售、经销商管理、门店管理、商务谈判、工业品营销、顾问式销售、销售团队管理、渠道营销、店长管理、门店导购技巧、终端零售、橱窗货架陈列、客户服务、投诉处理等课程。

第三类：互联网。包括新媒体营销、互联网营销、数字化、自媒体、短视频营销、直播、电子商务、社群营销、新零售、大数据、微信营销、电商、计算机等课程。

第四类：心理建设。包括DISC（一种人类行为语言）、九型人格、性格色彩、PDP（行为风格测试的一种工具）、情绪管理、压力管理、NLP（神经语言程序学）、四型性格分析、心理学应用、员工帮助计划、肢体与微表情沟通、情商课、逆商课、德商课、同理心沟通、思维导图、自控力等课程。

第五类：生产供应。包括生产管理、5S现场管理、6S现场管理、精益化生产、金牌班组长、安全生产、供应链管理、采购谈判、仓储管理、物流管理、质量管理、产品研发、创新管理、智能化工厂、设备管理等课程。

第六类：职业素养。包括户外拓展、商务礼仪、阳光心态、新员工培训、形象礼仪、职场沟通、跨部门沟通、执行力提升、公众演说、潜能激发、成功学等课程。

第七类：人力行政。包括人力资源管理、"非人"、TTT、培训师培训、人才测评、招聘与面试、绩效与薪酬、职业生涯规划、企业文化、行政文秘、公文写作、PPT、平衡记分卡、校园招聘等课程。

第八类：婚姻亲子。包括亲子教育、亲子关系、家庭教育、婚姻关系、青少年教育、亲子沟通、超强记忆力、恋爱关系、极简生活、学习力训练等课程。

第九类：国学养生。包括易经、国学智慧、家居风水、传统文化、儒释道、佛学、禅宗智慧、奇门遁甲、姓名学、中医调养、瑜伽、辟谷养生、轻断食等课程。

第十类：金融税法。包括投融资、战略投资、资本运作、财务管理、税务管理、股权设计、劳动法、私董会、经济学、上市并购重组、互联网金融、企业转型、合同法、催款、开门红、投资理财等课程。

除以上分类方式外，还常以行业分类，包含银行、保险、房地产、汽车、家居建材、电力、互联网、航空、酒店餐饮、美容、医药、机械、化工、通信、旅游、交通、政府、能源、家电、服装、保健品、健身、快消品、工业品、零售、农产品、金融等。

附：某上市企业的年度培训计划

表 1.2 是笔者为某上市企业做的年度培训计划，根据前期调研确定了包括生产管理、市场营销、人力资源、领导力、通用管理等五大板块课程。

表 1.2 某上市企业全年内训课程目录（供参考）

板块	课题	学员	内容	时长
生产管理	金牌班组长	基层管理	生产一线管理者技能提升，包括态度、班前会、目标管理等	2~4天
	6S现场管理	基层管理	通过整理、整顿、清扫、清洁、素养、安全等解决现场管理问题	2天
	精益生产	中层管理	通过准时生产、全员参与改善，以更少的投入获取更多的产出	2天
	安全生产	中基层	政策解读、HSE管理、安全预防、如何确保安全正常生产	1~2天
	供应链管理	中层	产品工程、技术保障、采购谈判、生产、库存、仓储、分销等	2天
	质量管理	中基层	相对分层法、排列图法、因果分析图法、统计调查等工具的应用	2天
市场营销	大客户营销	销售部	工业品的大客户销售，从大客户定位、开发、维护、谈判到成交	2~4天
	新媒体营销	市场部	网络营销、短视频、抖音、微营销、朋友圈营销、社群运营等	2~4天
	直播电商	市场部	电商平台、设备选择、直播技巧、电商文案、互动技巧、价格等	2天
	打造狼性销售团队	销售部	巅峰心态、潜能激发、新客户开发、电话销售、目标分解与达成	3~6天
	服务礼仪	销售部	商务形象设计、沟通礼仪、社交服务礼仪等	2天
	客户服务与投诉处理	销售客服	提升客户服务能力，应对客户投诉，提升客户满意度	1天
	金牌店长	门店	学习开场破冰、挖需求、产品介绍、报价、促成等技巧，提升门店业绩	2~5天

| 第一章 |
我想转型成为培训师

续表

板块	课题	学员	内容	时长
人力资源	绩效管理	人事部	绩效管理概念、提升组织绩效与个人绩效、提高工作效率	2天
	人力资源管理	人事部	通过"选育用留"四个维度,提升人事工作效率,降低成本	2天
	招聘与面试技巧	人事部	人才画像、招聘的多种渠道、面试与谈判技巧等	1~2天
	TTT培训 内训师培训	内训师	演讲能力提升、声音训练、开场与结尾、课程研发、PPT制作等	4~6天
领导力	领导力提升	高层管理	副总以上的管理者能力提升、管理思维、顶层设计、融资等	2天
	赢在中层	中层	中层素质提升、八大管理工具	2天
	基层管理能力提升	中基层	基层管理的角色认知、沟通力、执行力、目标管理、效率管理等	2~4天
	角色认知	中层	新晋管理干部和后备干部的角色定位与认知	1~2天
通用管理	问题分析与解决	中基层	追寻问题的根源,运用技巧帮助企业解决实际存在的问题	2天
	跨部门沟通与协作	中层管理	学习职场沟通技巧,解决部门内与部门间的沟通问题,提高效率	2天
	教练式管理	中高层	教练技术在中层管理中的运用,关注、启发、引导,而不是告知	1~2天
	员工心理建设	全员	对员工的心理进行正面关怀,调整心态,打造"快乐竞争力"	2天
	新员工培训	新员工	心态转变、素质提升、效率提升、职场沟通、学习能力、执行力等	2天
	时间与效率管理	中基层行政	时间的重要性、24种时间管理技能、提升工作效率	2天
	执行力提升	基层管理	找到执行的动力,提高执行的能力,提升目标管理能力	2天
	沙盘领导力	中高层	沙漠掘金、极地求生、商海争锋、战国七雄、模拟联合国等	1~2天
	情绪与压力管理	中基层	提高情绪与压力的应对与处理能力,提高工作效率	1~2天
	户外素质拓展	全体	团队户外分组比赛,通过游戏激励自我、协作共赢、凝聚团队	2~4天

CHAPTER 2

| 第二章 |
职业常青的秘密

一、不越红线

培训师讲究德行为先。培训师为学员引导思维、传授技能,一定要有德行。除了要爱国爱党、践行社会主义核心价值观、传播正能量等,培训师还需要注意职业操守与道德规范。

(一) 三守其身

培训师要把口碑放在第一位。拥有好口碑,培训机构和企业才敢放心采购你的课,企业才敢放心地请你来讲课。赢得好口碑最重要的是赢得信任,培训师有三条规则要遵守:守时、守信、守口。

第一,守时。说好几点上课便几点上课,千万不能迟到,一旦迟到,就代表着几十位甚至几百位学员要等你一个人,并且经常迟到的培训师是没有企业或机构喜欢的。守时是最基本的自律。

第二章
职业常青的秘密

我们曾推荐某培训师给客户，但是客户拒绝了该培训师，原来他们之前就请过这个培训师，他课程讲得还行，但第一天上课就迟到了，还经常拖堂，搞得学员都跑去投诉，甚至差点儿集体罢课。可见，迟到不仅是一次课程事故，更是对培训师口碑的巨大伤害。

第二，守信。守信就是遵守承诺。课量较多的培训师经常会遇到撞课事件，比如预定好了日期，又有其他客户来预定这一天，且后来的客户给的钱更多，这该怎么办？有些培训师会把先预定好的课推荐给其他老师，自己则去上价格高的课。表面上看，培训师得了便宜，事实上却埋下了隐患，万一客户知道了事实，培训师的声誉便会毁于一旦，谁还敢继续向随便毁约的培训师预定课呢？所以，培训师必须遵守承诺，不能随意悔约。

有一位培训师真的是扛着吊瓶去上课的。后来我们问他为什么这么拼命，他说真不是为了钱，就是因为讲好的事不能随便改，这是培训师最起码的信用。

第三，守口。守口指不在别人背后论是非，因为培训师经常去各个企业讲课，听到和看到的东西多，有些还是商业机密，外传对企业是有伤害的。另外，有些培训师喜欢在背后议论某位培训师课讲得好不好，其实也是非常没必要的。

（二）不越红线

<u>不越红线指的是培训师不能越过培训机构直接对接机构的客户</u>，这是培训师要遵守的行业规则。

在培训这个商业生态中，培训师是"产品"，培训机构负责"销售"，而企业是"客户"。如果换作其他行业，销售的产品是物件，比如电脑、手机、房子，它们自然不会自己开口和客户直接联系。但是，培训师是活生生的人，并且对于优秀的产品（培训师），客户（企业）会复购（返聘）。只要培训师愿意，他就很容易与企业直接对接，培训师就会拿到比培训机构给得更多的课酬，而企业也能支付较低的费用。然而，培训师若是将这只脚迈出去了，就等于破坏了行业规则，自己的职业生涯也基本到头了。

我们看过很多显赫一时的培训师最后被培训机构集体抛弃的例子，原因就是他们没有很好地遵守这条行规——不越红线。而且，现在的信息传播太简单了，微信、抖音、微博……大家遇到什么糟心的事都会去吐槽，而同行都在一个圈子里，真是"好事不出门，坏事传千里"。

当然，随着信息获取越来越容易，培训机构如果依然只扮演中介的角色，那么必然会被社会淘汰，但无论如何，只要培训机构存在一天，培训师就应严格遵守行规，这是最基本的职业操守。

（三）谨言慎行

培训师属于公众人物，有些讲大课的培训师一节课就有成百上千名学员。在学员面前，培训师必须遵守国家法律规定，不然轻则误导学员，重则触犯法律。

根据国家相关规定，我们为广大培训师整理了以下几点注意事项，供大家参考。

第二章
职业常青的秘密

1. 违反法律法规和相关政策的内容不适合讲，具体包括：

（1）攻击、篡改、调侃我国政治制度和法律制度，与国家方针政策唱反调的；

（2）泄露国家秘密，如国防、科技、军工等方面的秘密，国家各级党政机关未公开的文件、讲话、专项工作等的；

（3）对涉及领土和历史事件的描写不符合国家定论的；

（4）煽动民族仇恨、民族歧视，破坏民族团结，或者侵害民族风俗、习惯的；

（5）破坏国家宗教政策、宣扬邪教的；

（6）歪曲、丑化、亵渎、否定革命领袖、英雄烈士事迹和精神的；

（7）侵害未成年人合法权益或者损害未成年人身心健康的；

（8）侮辱或者诽谤他人、侵害他人合法权益的；

（9）危害社会公德、损害民族优秀文化传统的。

2. 低俗的内容不适合讲，具体包括：

（1）对性部位和性行为进行过度描述或展示的；

（2）展示淫秽色情、渲染庸俗低级趣味的；

（3）宣扬违背公序良俗的性观念，如性虐待、恋物癖、捆绑等的；

（4）其他有伤社会风化的内容。

3. 涉及攻击谩骂的内容不适合讲，具体包括：

（1）污辱、歧视部分地域的人员、习俗、宗教信仰的；

（2）侮辱、诽谤、贬损、恶搞历史人物及其他真实人物的；

（3）污辱、贬损他人的职业身份、社会地位、身体特征、健康状况的。

4. 涉及侵权的内容不适合讲，具体包括：

（1）侵犯他人著作权、名誉权、隐私权、品牌商标权等的；

（2）未经授权发布他人原创内容、侵犯他人知识产权的。

5. 违背公序良俗的内容不适合讲，具体包括：

（1）以恶搞方式描述重大自然灾害、意外事故、恐怖事件、战争等灾难场面的；

（2）宣扬不良生活方式和不良流行文化，表现消极颓废的人生观、世界观和价值观的；

（3）宣扬拜金主义和享乐主义的；

（4）展示违背伦理道德的糜烂生活的；

（5）宣传丧文化、自杀游戏的。

6. 内容失实的不适合讲，具体包括：

（1）违背科学常理的；

（2）与已发生事实相悖的；

（3）无中生有的。

二、爆课秘诀

普通培训师如何一步步成为爆课培训师？这背后到底有哪些秘诀？笔者作为年课量超200天的培训师，在此跟大家分享这背后的心路历程，以及笔者工作和生活的平衡之道。

| 第二章 |
职业常青的秘密

1. 空杯心态

想成为业务不断的成功培训师，必须时刻保持空杯心态。很多培训师只听赞美之词，无法忍受他人的不好评价，不知不觉便"膨胀"了，放弃了持续进步，最后被市场抛弃。

俗话说"挑货的才是买货人"。好比你去一家饭馆吃饭，吃完饭，老板跑过来问吃得好不好。如果你下次还想来吃，你就可能会提出几个意见；如果你失望到再也不想来吃了，你可能会敷衍地说"挺好的"，然后就再也不来了。同理，当面夸你的企业没有用，反而是对你提出意见的下次可能还会聘用你。

<u>要想在这条路上越走越远、越走越顺，就必须勇于接受客户的批评和建议。</u>

问题是培训师听惯了掌声和奉承话，时间长了就很难听进真正的建议和批评，总想为自己找理由辩解。如果你习惯辩解，可以毫不夸张地说，你的职业生涯很难再有所突破了。因为你一旦辩解，人家下次就不愿意提意见了，你就失去了返聘的机会，所以培训师是最需要空杯心态的。无论新手培训师，还是资深培训师，都需要认真听取客户的批评和建议。

分享一个小故事：原一平批判会

日本有一位营销高手叫原一平，被人们尊称为"销售之神"。原一平在刚开始业绩还不是很好的时候就去请教自己的老师吉田和尚。吉田和尚对他说："如果你想变得更好，你就得找熟人，让他们来批评你。"

这句话给了原一平当头一棒，使他意识到，只有认识到自己的问题，自己才能变得越来越好。

随后原一平就决定每月开一次"原一平批判会"，请五位客户和自己的朋友吃饭，然后请他们对自己提出批评。一开始客户会说出各种问题，原一平受不了，但慢慢地，他发现大家说的问题真的是客观存在的，于是就按照大家的建议去改，结果就越做越好，创造了"销售之神"的骄人业绩。

等相当成功之后，他还专门请私人侦探来调查自己的行为举止有什么不当的地方，以此来督促自己继续进步。

2. 平衡之道

培训行业有很强的"马太效应"（强者愈强、弱者愈弱的两极分化现象），大量的普通培训师每天为没业务而焦虑，而优秀的培训师往往是各大培训机构争抢的"香饽饽"，时间都要提前几个月预约。这样一来，优秀的培训师的时间会被排得很满，得到的是丰厚的报酬，失去的却是陪伴家人和享受生活的时间，甚至是健康。

有一位培训师，每年课程排得很满，但他有个习惯，每年过年前后会给自己放两个月的假，这两个月里他会关掉手机，到深山老林里或海边度假。用他自己的话说就是："忙了一整年，得给自己好好放个假。"

行业里也有一些反面案例，有一位培训师常年在外面讲课，忽略了对家庭的关爱、对孩子的照顾，结果夫妻感情出了问题，家庭也散了，这时他才突然发现多年的奋斗失去了意义。还有一位培训师，才五十多岁，持续讲课十几天，最后在一次熬夜做课件的时候趴在桌子上再也

| 第二章 |
职业常青的秘密

没有起来。

培训师也是人，有家人和朋友，工作的同时要兼顾自己的身体和家庭。等家庭出现问题再去解决，花的时间和精力会更多，而且有些问题是不可逆的，尤其是身体，身体出现了问题再要调理回来会很难。

培训师不能把金钱看得过重，该拒绝的要拒绝。除了工作，还要懂得享受生活和陪伴家人。失去了家人，失去了健康，再多的钱都换不回来。

成熟的培训师要懂得拒绝，可以给自己定一个标准，比如单程时间超过3小时的课不接、课酬低于多少元的不接、超出专业课程范围的不接、不熟悉底细的客户不接、少于两天的课不接等。如果自己不方便拒绝，可以找一位助教，由助教对接客户，无论是报价、谈单，还是筛选课程，都有缓冲的余地，不伤感情。

如果是新手培训师，又正当壮年，可以逐步增加课量，因为这时的首要任务是增加授课经验。

3. 健康管理

长期出差、工作压力大、高峰期连续工作无休息、水土不服等因素，使得培训师需要额外关注自己的健康。

健康永远是最重要的，培训师需要特别注意以下几点。

第一，健康饮食。 早饭必须吃，而且要营养均衡。午饭可以不用太讲究，但要多吃，因为讲课体能消耗很大。晚饭可以多吃些蔬菜、水果，多摄入优质蛋白，少吃碳水化合物。借用"健康教母"马悦凌老师常说的一句话：早餐吃得像皇帝，午饭吃得像平民，晚饭吃得像乞丐。

第二，适量运动。培训师这个职业不仅是脑力活，更是体力活。一天至少站 6 小时，脑子还要飞速转动，连续几天授课真的非常考验培训师的体能，所以培训师必须保持一定的运动量，这样才能确保有足够的体力讲课。

建议每周运动三四次，有条件的可以去健身房，如果在外地讲课，酒店没有健身房，那么可以外出跑步或就地运动。比如，每天早晨做 100 个俯卧撑、50 个靠墙深蹲、20 个波比跳。健身不在乎多少量，而在乎能否持续。

第三，充足睡眠。一般来说，培训师讲课都是站着讲的，而且还得来回走动，对身体损耗比较大，腰酸背痛是常出现的问题。而且，培训师经常赶飞机、赶高铁，没法保证每天 7 小时的睡眠。那么，培训师就要练就瞬间入睡的本领，比如在旅途中、候机厅、午饭后，哪怕只睡 10 分钟，对身体的恢复也是很有好处的。

培训师出差时可随身携带"三件宝"——**眼罩、枕头和耳机**，上车后带上装备马上睡觉，睡醒后开始做课件或阅读，这样休息充分了，上起课来才有劲儿。

如果你很难快速入睡，或者说无法在陌生环境里睡觉，那么培训师这个职业就可能不太适合你。

三、终身学习

培训师属于知识工作者，他们中的很多人在刚开始走上讲台的时候非常爱学习，因为他们总觉得自己的知识储备不够，担心学员会提一些

第二章
职业常青的秘密

自己回答不了的问题。等真正走上职业化道路后，课多了，也没有那么多时间去学习了，就很容易出现思维固化的问题。然而，互联网的兴起让学员获取新信息、新知识的渠道变广了，如果培训师故步自封，就难以征服学员，难以获得好评和返聘机会。所以，培训师想要事业常青，就得养成终身学习的好习惯。那么，作为一名非常忙碌的培训师，该如何持续学习呢？

1. 制订学习计划

再忙都得在月底或月初的时候给自己制订月学习计划，比如这个月或下个月看多少书、看多少视频、写多少资料等。如果培训师能在年初就把这一年的学习计划做好，那就更棒了。除做计划外，当然还得不折不扣地执行，要努力完成目标，甚至超越目标。

2. 阅读优先级

读书要分主次，首先要阅读与自己所讲课程相关的书，这部分至少要占图书阅读总量的50%，其次是延伸阅读，最后是兴趣阅读。

比如，培训师讲中层管理课，首先要看市面上与中层管理相关的书，然后再看领导力、性格沟通、心理学、时间管理、职业生涯等内容的图书。如果时间允许，可以再看看人物传记和历史小说，补充案例故事的同时还能兼顾兴趣。

3. 零碎化学习

培训师若上过时间管理方面的课，就会理解零碎时间的重要性。所谓的零碎时间，就是区别于大块时间的小段时间，比如排队、候车、坐车、走路、驾驶等的时间，一天累积起来可达惊人的 6～8 小时。

请回想一下你在这些零碎的时间里都做了什么。很多人会说，在听歌、在思考、在发呆，而懂得驾驭时间的人会把这些零碎时间很好地利用起来。那么，坐车、走路、开车、排队的时候，该如何学习呢？答案就是下面要讲的运用学习工具。

4. 运用学习工具

学习工具分两种：一种是硬件，一种是软件。

硬件包括我们的手机、平板电脑、台式机等，还包括电子读书器，如 Kindle、当当阅读器、汉王电子书等，这些电子读书器不仅不伤眼睛，而且便于携带。

软件指的是手机上的听书软件，推荐大家使用喜马拉雅、蜻蜓FM、懒人听书、得到、樊登读书等。

这里力荐另外一个好软件"当当云阅读"，它除可以和当当阅读器同步外，还可以通过语音的方式把文字读出来，和听书软件一样，可以解放我们的双眼和双手。这样一来，我们很多的零碎时间就都能被利用起来了。比如，洗漱的同时把听书软件打开，一边洗漱一边听书学习。

除此之外，还有很多短视频平台，里面充满了学习素材，如 B 站、今日头条、抖音、快手、小红书等。用好互联网资源，培训师便可以高效且持续地学习。

5. 请教学习

孔子曰："三人行，必有我师焉。"培训师是他人的老师，他人也可以是培训师的老师。

培训师一共有三位老师，每一位都不能错过。

第一位是同行。

几位培训师坐在一起聊一小时，比出去听一天课还有用，因为其他培训师遇到的问题你很可能也会遇到，看看他们是怎么解决的，你学会了不就能少犯一次错误吗？大家相互交流，分享经验，会得到意想不到的收获。建议大家多参加一些同行聚会，与同行一起交流探讨，遇到前辈多请教，就能少走很多弯路。

遇到其他培训师的线下课，你也要积极参加，这样不仅能学习课程内容，还能从其他培训师那里学习优秀的授课技巧，看到对方的缺点还能警示自己。

第二位是成功者。

身边成功的企业家、成功的高管和优秀的创业者，都是学习的榜样。这些人的成功一定是有原因的。从他人的成功经验中找出规律，不仅可以提升自己，还可以带来源源不断的课程素材。只要保持向他人学习的习惯，就可以在每次讲课时为自己充电。

第三位是失败者。

财经作家吴晓波有本书叫《大败局》，他不谈成功者，而是专门谈那些曾经风光无限的大企业是如何一个一个地倒下的，其目的就是警示后来者。

总的来说，向他人学习，能够为我们"开窗户"，让我们"照镜子"。"开窗户"可以扩大我们的视野，丰富我们的阅历，使我们见识更多人的思维模式、知识技能、为人处世方法，以补充自己的不足。"照镜子"可以使我们从他人身上看到自己的问题，从而使自己避免犯同样的错误。正所谓：以人为鉴，可以明得失；以史为鉴，可以知兴替。

6. 输出学习

新媒体时代，培训师要将自媒体输出变为自己的习惯，以打造个人 IP。

培训师可以选择微信公众号、今日头条、知乎、抖音、喜马拉雅、小红书等平台发表作品。这些输出往往是比较零散的，但对于培训师各项能力的训练极其有效。

系统的输出便是写书立著。每位培训师都应该有一本自己的著作，写书比创作自媒体内容难度更大，但只要开始积累，时机到了便水到渠成。

曹老师第一本书《享受拒绝》的出版，就源自他的《赏识管理——用欣赏的眼光看待下属》这篇文章被出版社编辑看到了。

总之，培训师是需要终身学习的群体。学习是对自己最大的投资！

CHAPTER 3

|第三章|
抓住培训发展机遇

一、快速崛起——培训业的发展历史

培训对于企业的绩效、生存与发展都有着至关重要的作用。哈佛大学教授詹姆斯·P.克莱门斯认为："培训是使企业持续发展的重要活动，被视为21世纪企业提高核心竞争力的主要手段之一。"培训伴随着工业革命产生；在第二次工业革命时期，培训的主要目的是发展一线工人的生产技能，提高工人的生产效率；在第三次工业革命时期，非生产性的培训需求逐渐被关注；随着互联网的崛起，培训的范围与形式得到了飞速的发展。培训从产生以来，始终肩负着传播时代价值、提升企业效益、提高员工能力的使命，从事培训的人员也处于职业金字塔的顶端，社会地位高、经济回报高，用"繁花似锦"来形容这个行业，丝毫不为过。

了解培训行业的演变过程、中西方企业培训的发展历程将帮助培训师更好地认识自身的价值与社会责任，更全面、更准确地把握行业的发展现状与趋势。

1. 早期培训理论的发展

培训理论最早是由美国古典管理学家弗雷德里克·温斯洛·泰勒（Frederick Winslow Taylor）提出的，他被誉为"科学管理之父"。泰勒从一名学徒工做起，先后被提拔为车间管理员、技师、组长、工长、设计室主任和总工程师。在一线工作中，他了解到工人之所以消极怠工，是因为企业管理者缺乏实际的管理手段，尤其是缺少对工人的有效培训，工人不能正确地使用操作方法和工具，严重阻碍了生产效率的提升，也影响了他们的积极性。为此，泰勒研究并试验了很多改进管理的方法，并提出了科学管理四大原则，其中第二条是"科学地挑选工人，并对他们进行培训、教育，使之成长"。泰勒摒弃了过去由工人任意挑选工作的方式，通过严格挑选和系统培训来培养一流的工人。泰勒首次从理论上证明了培训对企业绩效的支撑作用，为企业培训的发展奠定了基础。

德国著名社会学家、政治学家、经济学家、哲学家马克斯·韦伯（Max Weber）也是早期提出培训理论的人物之一。他描述了一种理想的"官僚行政组织"模式，他认为，企业要想获得好的绩效，正规的培训师不可或缺。1913年，工业心理学的创始人雨果·闵斯特伯格（Hugo Munsterberg）出版了《心理学与工业效率》一书，首次将心理学与培训结合了起来。

早期的培训理论大多强调对员工进行教育培训的重要性，注重一线工人操作层面的培训，很少涉及员工的心理因素。 这些研究缺少系统性，但为现代培训理论奠定了基础。

| 第三章 |
抓住培训发展机遇

20世纪60年代以后，员工培训理论开始真正进入系统研究的阶段。1961年，麦格希（Mc Gehee）与塞耶（Thayer）在《企业与工业中的培训》一书中提出"三层次分析法"（战略与组织分析、任务分析、人员分析），该理论至今仍被广泛应用于培训需求分析方面。

随后，更多的培训理论和研究得以发展，瑞文（Rvane）提出，员工的行为取决于价值观、能力、组织环境氛围。约翰·阿诺德（John Amold）提出，要从专业性知识、产品服务和竞争者知识、组织系统和人员信息网络知识三个方面进行培训需求评价。依·瓦伦其（E. Valne）等人则提出，组织培训需求分析还应该包括个体的感知、需求、个性、动机和态度等。

在此阶段，现代员工培训理论得到快速发展，人们在培训需求分析理论、资本培训理论、培训评估理论、终身教育理论、群体学习理论、员工集体培训理论等方面做了具有建设意义的研究。

2. 西方发达国家企业培训的发展历程

西方发达国家的企业培训起步较早，早期培训理论的发展也是由西方发达国家推动的。西方发达国家的企业培训主要分为两个阶段。

第一个阶段：20世纪20年代至70年代，<u>主要以技能培训为主</u>。这个阶段的企业培训主要针对一线工人，通过开发和培训工人的操作技能来提高工人的生产效率和企业的生产效益。

第二个阶段：20世纪70年代以后，培训更加多元化，**培训重点由操作技能向管理能力转变，管理培训得到快速发展**。由于该阶段科技飞速发展，大量的机械化手工操作被自动化机器替代，因此单纯针对一线工人进行培训已经无法满足企业发展的需要了，此时需要对企业管理者、员工综合技能进行更多维度的培训。与此同时，劳动力市场发生较大变化，企业可供选择的优秀人才增多，企业可以直接找到更多高质量的劳动力，而无须从零开始培训。同时，人性化管理为人们所重视，培训更加以人为本。

西方发达国家的企业培训发展时间长、体系较为完善，积累了众多的宝贵经验，包括：

（1）重视对成年人学习规律的探索。成年人的学习规律与未成年人有所不同，国外有一些机构和人员专门研究成年人学习和认知的规律，帮助成年人克服学习障碍，提升培训效果。

（2）重视职业教育与培训。发达国家的培训管理充分考虑了人的需求，做到了以人为本。成功的企业大都选择建立符合本企业的培训体系，有的企业还成立了企业大学。培训既是培养人才的重要途径，也是重要的员工福利之一。

（3）注重对能力的开发。相关理论认为，能力是可以通过后天培养的，培训可以不断提升员工各方面的能力，包括沟通、问题的分析与解决、组织与执行、团队协作等。

（4）设立培训专项基金。德国、美国等部分发达国家从法律上出台相关规定，要求企业将一部分资金用于员工培训，鼓励企业积极开展培训活动。

3. 我国企业培训的发展历程

我国的企业培训虽然起步较晚，但由于我国社会、经济发展非常迅

第三章
抓住培训发展机遇

猛,因此培训行业从进入中国开始,就随着改革开放后国家的发展而快速发展。总的来讲,我国的企业培训经历了六个阶段。

第一个阶段:20世纪80年代初期,我国的企业培训主要以社会继续教育培训为主,以"补课"为特征。

第二个阶段:20世纪80年代中后期,国家大力支持国有企业岗位培训。为了满足该阶段企业经营与发展的需要,大中型企业的管理者十分注重对中高层人才的培训,同时也十分注重对储备人才的培训。

第三个阶段:20世纪90年代初期,企业进一步走向现代化,更多的现代化企业管理制度逐步建立,工商管理培训开始起步,企业开始重视学习国外的先进技术与管理经验。

第四个阶段:20世纪90年代中后期,各大企业纷纷开展自主培训,培训的主题变得更加多样化,此时的培训市场呈现"工商管理为核心、其他短期培训为辅助、成年人教育为配套"的格局。与此同时,大量专门服务于企业培训的公司成立。

第五个阶段:21世纪初期,随着培训市场的发展,人们对于培训的认识不断深入,培训体系逐步完善,培训主题更加多元化。培训的职能从以补课为主向变革推动者过渡,一些企业开始建立更加完善且有针对性的内部培训体系与制度,甚至成立商学院或企业大学,专门的培训中心成为企业的标配。与此同时,培训机构如雨后春笋般涌现,竞争十分激烈。2021年,《教育部办公厅关于加强社会成人教育培训管理的通知》指出,社会培训不得随意使用"大学""学院"等名称,因此,很多企业大学或企业商学院更名为企业培训中心。

第六个阶段:2015年以来,国家对教育信息化、智能教育等领域均给予了政策方面的支持。互联网、智能手机的普及，使得人们可以随时随地接受在线教育；直播技术的应用和优化，增强了在线教育的实时互动性和趣味性；人工智能技术推动个性教育普及。技术的发展大大提升了在线培训的体验感，线上培训（互联网培训）与线下培训（现场培训）深度融合，相辅相成。

2021年，《教育部办公厅关于加强社会成人教育培训管理的通知》再次鼓励采用"互联网+"的混合学习模式，搭建网络学习平台和移动学习平台，加强资源建设，提升服务和管理水平，推进人工智能在教育培训和管理等方面的全流程应用，提高教育培训的便利度和实效性。

本书基于该背景所著，旨在为新时代的培训行业从业人员提供更多的思考与学习方向。

二、转型边缘——培训行业的现状分析

现代企业发展节奏越来越快，转型、突围等已经成为各个产业、各个企业的主旋律；知识在互联网中变得触手可及，甚至已经出现过剩的情况。企业对培训的要求越来越高，传统的培训模式已经难以满足企业对人才培养的全面需求，于是更多的培训模式得到广泛尝试和发展，培训市场反而呈现出百花齐放又鱼龙混杂的局面。

以下介绍一下当前培训行业的情况。

（1）目前主流的培训方式有两种：企业内训与公开课。两者的区别见表3.1。

| 第三章 |
抓住培训发展机遇

表 3.1　企业内训与公开课的区别

对比项	企业内训	公开课
组织方式	企业的人力资源部门或其他部门聘请培训机构或培训师来实施培训	由培训机构或其他组织举办，对外公开招生，参与者来自不同的企业
授课形式	企业内部寻找场地举办培训。直播培训、在线训练营等模式兴起，分散在各地的员工可在互联网上接受培训	寻找场地举办或在线培训。近年来，在线训练营、网课的形式得到广泛应用
费用	企业买单，通常人均成本较公开课低。特别定制化、落地咨询项目除外	通常培训的人均成本略高于企业内训。不过，很多公开课会在初期用低价体验课引流
与企业需求的匹配程度	通常会进行需求调研，课程的匹配程度较高	匹配程度相对较低，主要针对通用方法或共性问题
人数限制	为保障培训效果，人数通常控制在 20~40 人，部分主题的培训人数也会达到上百人	通常人数较多
使用情况	企业通过针对性培训来解决问题；企业将培训作为人才培养的手段之一；基于员工素质与能力的需要，将培训作为员工福利和企业文化的重要组成部分	针对某些通用方法或共性问题；企业需受训人员较少时；为控制培训成本，只挑选部分人员参与；企业采购课程时较为谨慎，先参加体验课以验证内容和培训师

（2）培训按照需求产生的方式通常可分为前瞻性培训、适时培训和弥补性培训。

前瞻性培训指企业提前制订培训计划，根据计划实施培训，或企业根据市场趋势和员工发展的需要开展前瞻性培训。例如，为适应互联网发展趋势，很多企业开展 5G、大数据、人工智能方面的培训。前瞻性培训多见于拥有完善培训体系与制度的大企业，尤其是大型外企。

适时培训指企业为了解决当前问题而开展的即时性培训。近年来，越来越多的企业意识到培训的重要性，无论大企业，还是小企业，无论国企，还是私企，普遍增加了适时培训来应对企业发展的难题，克服企业发展的瓶颈。例如，很多企业为了适应互联网营销的需要，开展短视频培训、直播培训等。2020年新冠肺炎疫情暴发以来，傅老师主讲的直播电商课火了，各行各业的大型集团纷纷邀请他去做直播卖货培训，就是为了应对全球新冠肺炎疫情下的营销困境。

弥补性培训包含临时性、突发性培训，以及企业以纠正为目的的培训活动，例如员工心理疏导、出现重大安全事故后的安全培训等。

(3) 培训的开展通常有两种情况，一种是事先拟定好了年度培训计划，当年按照计划进行培训，另一种是没有提前拟定好培训计划，根据临时需求开展的一般培训。

年度培训的开展流程是：首先，确定企业发展战略对培训的要求、员工个人的需求、各职能部门的需求等。接着，确认年度培训的中心目标与任务。然后，编制年度培训计划与费用预算。最后，在全年规定时间执行该计划并不断评估修正。

一般培训的开展流程是：分析培训需求—明确培训对象—设计培训教案—选择培训场所—编制培训计划与预算—培训前期准备—开展培训活动—评估培训效果。最后，还需要根据培训效果及收集的反馈意见与建议，完善后期方案。

(4) 中西方培训的差异

当前我国的培训与西方发达国家相比，仍有一定的差距，了解这些差距和背后的成因，有助于我国培训行业的发展（见表3.2）。

第三章
抓住培训发展机遇

表3.2 中西方培训的差异

对比要点	中国	西方发达国家	差异背后的成因
培训的职能	企业把培训作为提高员工绩效的手段之一	将培训视为企业与员工发展的必要手段	企业经营理念的差异。国外知名企业管理者认为,企业发展需要合作伙伴综合素质的提高,他们愿意通过培训帮助企业与合作伙伴
培训对象	通常限定为本企业的员工	培训对象拓展到企业的上下游、供应商	
负责部门	只有少数大企业有专门的培训部门,大多数企业将培训作为人力资源管理的一个模块	设立专门的培训部门	培训管理体制的差异。国外知名企业的培训部门职能较为成熟,提供有偿服务,其经费来自参训客户而非企业拨款
财务核算	以成本为中心	以利润为中心	

(5) 行业转型边缘

培训行业作为我国经济发展的助推剂,也不可阻挡地进入了产业调整、优化和整合的阶段。被称为"课程贩子"的中介型培训公司逐渐失去市场,专业型咨询培训公司开始成长起来;简单洗脑型、知识传播型的培训师开始失去市场,具有解决问题能力的实战型培训师大受欢迎。这些变革与培训行业面临的困境密切相关。

当前,培训行业所面临的困境包括以下几个方面。

第一,培训需求匹配度不够高。在多变的市场环境下,每个企业的背景、资源、人才梯队不尽相同,具有较强的个性化特征。在这种情况下,培训机构和培训师很难完全考虑到各行各业的需求差异,从而导致培训与需求匹配度不高的现象出现。

第二,培训组织者的压力大。长期以来,培训组织者面临着"众口难调"的难题,培训与日常工作的同步性、跨部门沟通的协调性都影响着培训活动的开展。有时甚至会出现最需要培训的对象无法参加培训的窘境，使得培训费花了，却没什么效果。

<u>第三，培训成本过高</u>。培训的成本除培训师的酬劳外，还包括培训场地费、外地学员的食宿费、餐饮费等。不少企业的销售型课程选择在年中和年底集中开讲，主要也是考虑全国各地销售员的出差成本。

<u>第四，培训效果难以延续</u>。如果没有持续的行动计划，培训的效果常常只能短暂保持，行业里戏称"培训现场很激动，培训结束一动不动"，只有少数人能将培训收获应用到工作中。培训效果的难以延续是培训组织者最头疼的问题之一。

基于以上几个方面，企业、培训机构、培训师都在积极寻求解决办法，因此，更多的创新形式、创新方法应运而生，这些形式和方法从结果出发，打破传统的培训模式。例如，线上培训与线下培训的结合，课堂培训与读书会的结合，"学"与"习"的结合，嵌入式培训、在线训练营等新的培训形式的不断开发与应用，尤其是充分利用互联网来拉长培训周期、降低培训成本、延续培训效果方面，更是取得了骄人的成绩。

多种培训形式的兴起、创新型授课方式的使用等也给培训行业带来了极大的冲击，引起了多元化的讨论。以在线教育为例，艾媒咨询的数据显示，84.9%的用户认为在线教育可部分取代线下教育，其中49.4%的用户认可"线下教育为主，在线教育为辅"的培训安排，但也有不少培训行业人员强烈抨击在线教育。培训行业将迎来前所未有的变革。

三、生态共存——未来趋势与发展

通过对培训行业发展历程的梳理和对当前发展现状的分析，我们总结出了培训行业未来发展的十大趋势。

趋势一：培训师职业化、商品化。

虽然培训行业在国内发展已有二十余载，但职业培训师在国内依然算新兴行业。随着企业培训需求日益增长，以培训为专职的从业者越来越多，本书顺应时代需要，希望能给进入这一新行业的人员一些行业指导，帮助他们尽快适应、少走弯路、为企业源源不断地输送优质有效的精品课程。

培训师不仅是一个职业，更像一个商品，需要通过销售渠道（培训机构）对外推广，唯一与我们认知的商品不同的就是，培训师是人。但无论是人，还是物，都需要对外推广，所以培训师商品化也是其职业化的一部分。

<u>在这个互联网时代，卖产品不如卖自己。</u>

趋势二：去中间化。

过去，培训行业的运作模式是由甲方（客户）提出培训需求，乙方（培训机构）根据甲方需求配备适合的培训师去实施授课，有的时候乙方还要通过丙方（经纪公司）寻找合适的培训师，再由乙方提供给甲方。

这样的模式在过去一直存在，是由信息不对称所致的，甲方很难直接找到合适的培训师，而且过去，培训师较集中在"北上广深"，甲方只能通过培训机构或经纪公司去邀请合适的培训师。

随着互联网技术的迅猛发展，善于学习的培训师大多擅长利用新媒体宣传自己，再加上从业者不断增加，地域分布更广，甲方能在周边轻易地找到合适的培训师直接合作，这样一来甲方至少能节约四方面的成本：**中介成本、沟通成本、时间成本和差旅成本**，培训师的积极性也更高。

趋势三：课程定制化。

"企业对定制化的要求越来越高了！"这是我们近年来听到培训师最多的反馈。

这一趋势是由民营企业培训需求的增加推动的，因为民营企业做培训时更注重结果。现在，外企和国有企业的培训预算在缩减，但民营企业的培训需求日益旺盛，所以以结果为导向的培训需求也在稳步增加。

以前"培训师一个课程包就能打天下"的情况也会慢慢被个性化所取代，企业要的是针对性更强的定制化课程，培训师应深入了解企业培训需求，为企业设计出更加契合实际并能解决问题的落地化课程，而不是为了培训而培训。

因此，很多经典版权课开始"走下神坛"。很多人想着学习他人的课程，认为获得授权认证便可以闯荡培训行业，最后大概率会被"割韭菜"。

趋势四：项目落地化。

国内培训行业经历了二十多年的发展，企业逐渐意识到，仅靠一两天的培训是无法彻底解决企业面临的问题的，所以落地的咨询辅导项目越来越受企业欢迎，培训成为咨询服务中的一项工具。

企业越来越需要能进驻企业的落地辅导服务。培训师通过深度调研

第三章
抓住培训发展机遇

访谈发现问题后进驻企业，推动和指导企业做一些策略的落地和执行，以及提供以解决企业问题为导向的咨询服务。目前也有很多职业培训师意识到了企业的痛点，纷纷向咨询师转型，而不是单纯地讲完课就走人。

趋势五：从大而全到小而美。

培训机构的发展会两极分化，一些拥有自己的培训师、咨询师团队的全国连锁机构，会越做越大，最终会成为大平台；而一些小而精的培训机构专注于某一细分领域，心无旁骛、扎扎实实地做服务，随着时间的推移，也会越做越专业、越做越精细，它们布局于各大城市，为企业提供更专业的服务。比如，某些金融培训机构只为银行服务，还有只为餐饮、美容院、服装店服务的咨询机构，以及只为连锁门店增加流量、为制造业做 5S 现场管理和精益生产培训和咨询的机构，此外还有只做某一体系的机构，如只做生产管理培训、只做营销课或只做供应链管理的机构，只要坚持做下去，它们都能发展得很好。

趋势六：培训师 IP 化。

和培训机构一样，培训师也在朝专业化方向发展，专家型培训师和有大企业工作背景的培训师纷纷出现，比如，只讲某一细分领域的专家型培训师会特别受这一细分领域中的企业的欢迎，因为这些培训师课上就能帮企业解决问题，而且培训师的"标签"很明显，企业或机构遇到对应需求就能立刻想到这位培训师。

例如，很多企业一想到 PPT 培训，便想到找秋叶大叔，因为秋叶老师深耕"PPT 教学"多年；一想到职业生涯规划，便想到古典老师；一想到 DISC 性格分析，就想到李海峰。

在此提醒想要进入培训行业的朋友，不要进入培训行业后才开始努力，而要在转型之前就做好准备。万事俱备，只欠东风之时，才是辞职的最佳时刻。

趋势七：课程产品化。

除了培训师越来越专业，好课程的价值也彰显了出来。版权课越来越多，有些培训师光卖版权课就能过得很好，而企业采购也从重培训师逐渐发展为重课程质量。

比如，DISC性格分析类课程就因李海峰强大的社群运营能力而十分受欢迎，很多培训师只要结合DISC这个课程体系就能拥有充足的课量，还有一些企业招标会先找版权课，然后再匹配培训师。

趋势八：从告知式向启发式发展。

之前的培训大多是讲座式的，由培训师讲给学员听，这种讲课模式已经满足不了企业培训的需求了。培训开始从告知式转向启发式，培训师给学员布置任务，让学员自己去讨论，从游戏、角色扮演、情景模拟中找出解决方案，此外还有直接翻转式课堂，通过某一学员的分享使其他学员得到启发和学会方法。

这一趋势的形成与两个方面有关，第一是获取知识和信息的渠道越来越多，讲座式授课大多数学员是听不进去的，第二是成年人需要发声，需要分享，需要跟他人交流，而培训师也要懂得去挖掘学员主动学习和分享的意愿，使他们从被动学习向主动学习过渡。

趋势九：在线教育比例增大，混合式学习开始流行。

这是一个重大趋势，2019年前，在线教育市场叫好不叫座，大多数在线培训机构处于亏损状态，原因有很多。首先是在线培训缺少互动交流性，无论培训师和学员之间，还是学员和学员之间，都很难形成有效的互动；其次是在线培训时培训师的演绎优势被剥夺，缺少了肢体带入感，有些课堂氛围好的培训师转到线上讲课时便完全失去了优势；再次是学员在线学习的习惯没有被培养出来，关键是缺少监督，线上培训靠自动、自觉，单靠培训前的签到和培训后的测试去约束显然无力。

2020年初的新冠肺炎疫情给在线教育带来了一个全新的发展机遇，让人们开始习惯在线学习，至少不那么排斥了。

还有一个趋势是混合式学习（交互式学习）的到来。混合式学习就是我们常说的O2O模式，即线上和线下相结合。比如，在实施一场持续培训之前，先通过线上社群给学员布置一些作业，然后通过线下集中培训几天，再回到线上通过微课、作业、打卡等方式监督学习，在线上监督线下培训的知识落地情况，巩固、拓展培训成果。

<u>趋势十：个人学习比例增加，知识付费习惯养成。</u>

随着就业压力的增大，成年人从被动学习到主动学习的欲望越来越强烈，再加上互联网介入之后学习渠道变得十分丰富，知识付费的习惯也在逐渐养成。

四、创新自救——培训机构的未来

从培训行业的发展趋势不难看出，作为中介存在的培训机构处境十分尴尬，更不要说价值感更低的经纪公司了。

培训机构处境尴尬主要有以下几个原因。

<u>第一，培训对象发生了变化。</u>之前是外企、国有企业等大型企业的

培训需求占主导，现在是民营企业的培训需求大幅增长。中小企业越来越重视培训，而外企、国有企业则一方面削减培训经费，另一方面也在组建和培养内训师团队，所以他们对外采购培训课程的需求日渐萎缩。

第二，培训需求发生了变化。培训师的客户从外企、国有企业转为民营企业之后，培训的需求也转为以结果为导向。民营企业培训的目的性很强，它们只有在遇到问题时才会找培训机构来解决，再加上大多数民营企业对培训的重视程度是从近几年才开始提高的，所以民营企业培训缺乏计划性，而且民营企业要求课程更加落地，需要培训师直接入驻企业，做咨询辅导。

第三，培训模式发生了变化。培训模式从单纯线下培训过渡到线上、线下并存的交互式培训，这对培训机构的要求更高，他们需要拥有自己的在线培训系统。

第四，个人培训需求激增。以前的企业培训除总裁班和大范围的公开课外，基本都是企业付费的，但经济环境的变化促使很多成年人产生了更大的学习需求，再加上知识付费习惯的养成，培训机构迎来了一个极好的发展机会。

2020年，受疫情影响，线下培训难以开展，很多提前布局线上培训的机构抓住了机会，而很多没有前瞻性思维的机构遭遇了滑铁卢。

第五，互联网的崛起。互联网的崛起，尤其是自媒体的发展，使信息更加透明，以前培训机构尤其是经纪公司主要靠信息不对称而生存，可等到培训师们全都习惯了线上推广，试问培训机构存在的价值还剩多少呢？

综上所述，如果培训机构还采用过去的中介模式，那么它们终将被

第三章
抓住培训发展机遇

市场无情地抛弃。培训机构应该如何挽回局面呢？

<u>第一，走专业化道路。</u>

目前国内培训机构的注册名称不是管理咨询公司就是管理顾问公司，但它们大多数只涉足管理咨询业务中培训这一领域。实际上，国外的管理咨询公司基本都以企业咨询辅导为主，这也是国内培训机构的发展方向。所以，培训机构转型就要走专业化的咨询辅导路线，而且最好能深耕某一行业或某一领域，旨在真正帮助企业解决问题。

要做到这一点，培训机构还有很多事要做。首先，要定位某一行业或领域，然后深耕下去，要么只服务于某一品类企业，要么选择走专业化路线，如只做生产管理类培训和咨询或只做人力资源类培训和辅导，或只为销售团队做落地辅导等。其次，要联合与自己定位的行业或领域相匹配的专业型培训师一起开发产品，无论周期比较长的训练营项目，还是进驻企业的咨询辅导项目，都可以与专业型培训师进行战略合作，深耕企业落地策略，以为企业解决问题为导向。

总之，<u>你越垂直、越精准，客户越喜欢你</u>。如果什么项目都做、什么课程都接，客户就会觉得你不够专业。

<u>第二，以培训师为核心。</u>

培训师自己带着一两位销售人员就能成立一家培训机构，销售自己课的同时，还能推广其他培训师的课。在未来，类似这样的迷你型培训机构会越来越多。

<u>第三，实行合伙人制。</u>

只有一个培训师的小公司做不大，但如果和其他培训师合伙，大家优势互补、资源共享，就可以一起发展。几位培训师合伙开培训公司的

成功案例在国外很常见，例如著名的麦肯锡和波士顿，都是合伙人制的企业。当然，合伙人制企业也不一定都是培训师合伙的，因为很多培训师只会讲课，不懂得运营，所以培训师还可以与优秀的营销人员、运营人员、管理人员合伙。

第四，抓流量。

如果企业只有好的培训师，没有好的营销团队，那么再好的课程也卖不出去。未来会出现一批营销能力特别强的培训机构。

第五，抓体验感。

还有一些培训机构把服务做到了极致，客户体验感好、信任度高、愿意与之长期合作。

第六，转型线上。

培训机构有培训师，有课程，只要能够补齐线上运营团队，提升线上推广和运营能力，便可以开辟线上培训市场。

做线上课有两种方式。第一种是自己投资做网络授课平台：自己做流量，搭建自己的私域网络平台，签约各知名培训师，把培训师的课放到自己的平台上销售。第二种是做MCN机构（MCN是网络术语，全称为Multi-Channel Network，即入驻某音视频网课平台），签约更多的培训师，帮其录制课程并发布到自己入驻的平台上，赚取销售分成。MCN虽然把培训公司开到了线上，但自己不做平台，而靠大平台的流量卖自己培训师的课程，就好比在淘宝上开网店，只不过销售的产品是培训师的课程而已。这和自己做网络授课平台最大的区别就是，有公域流量作为入口，只要产品好、懂运营、坚持做，机会就非常多。

前三章详细地介绍了培训师职业、培训师群体、培训行业，大家读

第三章
抓住培训发展机遇

到这里应该对培训师已经有全面的认知了，对于自己适不适合做培训师也已经有更加明确的判断了。从下一章开始，我们将详细地介绍成为优秀培训师的实战技巧。

培训师属于自由职业，一个人就是一个团队，需要拥有更加综合的素质，缺少一项都无法获得成功。

培训师想要成功，必须具备三大竞争力——内容好、氛围好、营销好。

"内容好"指培训师的课程内容要好。内容好是基石，关于课程如何开发与设计，我们将在本书的第四、五、六章详细讲述。

"氛围好"指课堂氛围好，培训师能够充分运用教学技术调动学员的积极性，引导学员思考与训练，让学员吸收好课程内容。关于如何提升课堂氛围、打造精彩课堂，我们将在本书的第七、八、九章详细讲述。

"营销好"指培训师要善于包装与推广自己，线上与线下同步做好自我营销，打造个人品牌。有些专业水平高、授课能力强的培训师，因不懂得营销而鲜有人知。该部分将在本书的第十、十一、十二章详细讲述。

同时具备"内容好""氛围好""营销好"的培训师将非常受欢迎，本书致力于帮助大家成为具备以上三点的"三好讲师"。

| 内容篇 |

爆款课程的开发与设计

前面提到优秀的培训师需要具备三大竞争力——"内容好""氛围好""营销好"。"内容好"是基石，俗话说"根基不牢，地动山摇"，如果课程内容无法为客户带来价值，即便其他能力再出众，也是空中楼阁。光有好内容还不够，现实中很多培训师拥有丰富的行业经验、扎实的知识背景，却未能讲好一门课。要把自己的知识装进别人的大脑里，要把自己的技能变成他人的技能，本就不是一件容易的事。为了收到好的培训效果，课程内容必须经过精心设计。

拥有课程开发与设计的能力是培训师的基本功。过去，一门经典的版权课可以讲好几年，但如今，市场对于定制化的要求越来越高，对于培训师根据具体情境和具体人群快速设计内容的要求越来越高，如果一位培训师无法快速开发与迭代课程，他很可能会被市场淘汰，即便是从业多年的资深培训师，也是如此。

关于课程内容的开发与设计，行业内有众多流派，沉淀出许多宝贵的经验与智慧。具体遵循哪个流派、使用哪种方法并不重要，只要能帮我们设计与优化课程内容就行，记住要去粗取精、博采众长。

本篇从一般的培训准备流程出发，按培训分析、内容设计、PPT制作的顺序展开，涵盖培训师从接到一个培训项目时如何进行需求调研与分析，从而制订出合理的学习目标并确定课程内容，到如何进行内容设计并最终制作课件，再到如何做好培训前的各项准备等内容。

CHAPTER 4

|第四章|
把握培训需求

中医看病讲究望闻问切，诊断出病人的病因后才开药方。如今，科技发达了，医生除了观察、询问，还会使用一些医疗器械进行化验、检测，这些工作做完以后才会给病人制定治疗方案。培训也是如此，培训师为企业解决问题，前提是要知道企业有什么问题，分析培训需求是首要的步骤。

分析培训需求有多重要？这里分享一个真实案例。

2020年1月，一家培训机构请我们推荐一位讲人力资源的培训师，我们推荐了一位非常资深的培训师，姑且称为A老师。没想到，机构负责人面露难色，请我们再推荐其他培训师，看来其中必有缘由。询问之下，机构负责人说出了一段往事。

2017年，该机构为当地一家大企业开展培训项目，由于时间紧迫，经过简单的沟通后机构便开始为企业寻找培训师，并最终选定了A老师。A老师听说客户很着急，听完机构对课程的简单介绍之后就定好了培训时间，结果A老师讲的内容与客户想要的完全不符，客户非常不满意，并且不愿意支付课酬。客户不仅把 A 老师拉入了黑名单，还中止了与该培训机构的合作，使该培训机构遭受了巨大损失。后来，该机构费了不少努力才使得客户重新与之合作。

在这个案例中，没有搞清楚客户的真实需求是谁的错？机构有责任，培训师也有责任。不管怎么讲，出现这种问题归根到底是因为没有明确培训需求。

信息在传输的过程中发生遗漏或被曲解是很正常的，培训师应确保理解了客户的真实需求。

无论时间多紧迫，都要调研客户的需求！

一、需求调研，直击痛点

在培训师开发与设计培训课程时，需求调研是不可或缺的。不调研无法精准把握客户的需求，但如果调研过于细致，也会耗费培训师与客户过多的时间与精力，反而过犹不及。因此，需求调研不仅要科学合理，还要高效。

我们见过一位培训师，在培训前发给客户 5 张需求调研问卷，每张问卷上有 20 多个问题，使得客户那边的培训负责人和相关人员的工作量非常大，甚至导致学员还没开始上课就已感到厌烦。对培训师来说，收到调研问卷后进行需求分析也将是十分费时费力的。

培训师需要不断锤炼自己精准把握关键问题的能力，这样才能做好需求的调研，找到企业和学员的痛点。

| 第四章 |
把握培训需求

（一）调研方法

调研方法有很多，培训师可根据实际情况进行选择。

1. 电话调研

电话调研是最常见的调研方式之一，培训师可以与客户的培训负责人、经办人员进行充分沟通，就培训的背景、原因、要求及细节进行交流。有时，培训机构也需要同时参与其中，这时就需要进行多人通话。怎样实现多人通话呢？操作步骤为：拨通一个号码，然后点击屏幕中的"添加通话"，选择其他号码，接通后点击"合并通话"即可实现多人通话（见下图）。

2. 线上会议

举办线上会议常用微信、QQ、腾讯会议、钉钉、飞书等社交平台或会议软件。相较于电话，线上会议的好处在于可以容纳更多人同时沟通，打开摄像头还能看到真人和现场。有些会议软件的功能十分实用，例如，会议预定、文件共享、屏幕共享、文件协同编辑等功能能促进参与者的有效沟通。

3. 问卷调查

问卷调查是非常实用且经典的调研方式，培训师可针对主打的课程提前设计好调查问卷，并针对不同的客户进行适当调整。过去，问卷调查多采用书面填写的方式；如今，我们可以把问卷的电子文档发给学员，让学员直接填写。

若学员不便于填写电子文档或填写人数太多不便于信息汇总，则可以采用电子表单进行调研，学员只要点开电子表单的链接，就可以轻松填写问卷，填写完的数据可通过电子表单网站实现快速汇总与分析，极大地提高了效率。

常用的电子表单主要有金数据、问卷星、麦客、表单大师、腾讯问卷调查等，这些电子表单的功能与操作方法大同小异，培训师可根据调研内容和个人喜好选择。

在设置电子表单时多设置选择题，少设置填空题，这样能降低学员的填写难度，也更能得到客户的配合。

4. 现场调研

上述三种方式都是非面对面调研的，具有灵活性高、成本低、占用时间少等优点。不过，很多时候我们还是得现场调研。毕竟现场调研能让我们看到企业的真实情况，也更容易获取真实的信息。现场调研可采取会议、访谈、一对一交谈等方式。现场调研需要花费更多的时间，也需要客户做一些组织和接待工作，相对来讲成本较高，所以适用于比较重大的项目。

5. 暗访

当培训师需要摸清真实情况时，暗访是个不错的选择。例如，在给门店培训前，如果条件允许，培训师可以顾客的身份提前到门店体验，甚至可以给店员出一些难题来考验其应变能力。暗访看到的是真实的情况，相比学员的自我描述要更加客观。

（二）调研内容

培训需求的调研主要分为两方面，一是调研企业，二是调研学员。调研企业，掌握企业的需求，有助于培训师设计出有针对性的授课内容；调研学员，掌握学员的情况，有助于培训师制定切实可行的教学策略。二者不可偏废。

企业要开展本次培训，大多数是因为企业的期望和现状存在一定的差距，这个差距就是学习需求。

<u>期望 − 现状 = 差距 = 学习需求</u>

没有差距，便很难产生培训需求。这个差距是课程设计与开发的出发点和驱动力，培训师要通过单次或多次培训帮助客户缩小差距，使其一步步朝着期望的目标正确地前进。然而，准确地找出差距并非易事。

有些企业在组织培训或寻找培训师时会说出自己有什么期待，需要解决什么问题，但也有很多企业常常表述不清，甚至根本没有意识到差距在哪里，他们描述的往往是对现状的不满或企业中存在的问题、现象，至于想要实现什么效果则没有思路。此时，培训师需要挖掘客户真正的学习需求。

准备几个开放性问题，如果客户能清晰回答，那么主要矛盾就可以找到了，例如：

（1）为什么要开展这次培训？（动机）

（2）企业遇到了什么问题？（过去）

（3）现状如何？（现在）

（4）期待什么样的结果产出？（未来）

（5）希望有什么培训产出？（对事）

（6）对培训师有什么要求或期待？（对人）

清晰了解企业的需求后，培训师就可以对培训内容做到心中有数。

为了让学员乐于接受、高效吸收，培训师还需要调研学员。不同的培训项目，对学员的了解程度可以是不一样的。通常，对于大项目的学员，培训师要更细致些；如果只是一两天的课程，则没有必要过于细致。讲述某些专业课程前，培训师需要对学员的现状进行详细了解，而一些通用性的课程则没有太大的必要。了解程度与课程、企业规模、参训人数等都有关系，应"因地制宜"。

| 第四章 |
把握培训需求

对学员的调研主要聚焦在学员的基本特征、过往经验、学习风格、态度、预期收益、兴趣等方面。其中,基本特征主要指学员的基本信息,如性别、年龄、学历、地域等,以及学员的职务信息,主要包括职位、工作年限等。针对特殊的课程,还需要对一些特殊的个人信息进行了解。学员的过往经验对培训内容的深度和广度有重要的影响。有的学员会觉得课程太难,有的学员会觉得太简单,因此需要培训师准确把握学员的情况。

基本特征和过往经验主要通过问卷进行调查或以询问等方式进行统计。在以上信息的基础上,培训师可以进一步分析学员的学习风格、态度、预期收益、兴趣等。

以下是傅老师针对新媒体相关课程的"培训课程调研问卷",供大家参考。**微信公众号搜索"傅一声",关注公众号并回复关键词:转型培训师,即可免费领取"培训课程调研问卷"。**

培训课程调研问卷

填写人:

为增强培训效果,使课程更加适其所需、更有针对性,请您提供一些信息,以便培训师备课与服务。以下内容不拘一格,根据实际情况表述即可,建议口语化,不确定的部分可预估大致情况,以便于培训的组织与开展。表中未提及的内容,可自行补充。培训师与相关人员将对以下内容绝对保密,不会透露给任何人。

一、企业信息

公司名称:_____

所属行业：_____　　　　公司人数：_____

二、培训对象基本资料

本次培训的提出者：_____　　参加人数：_____

男女大致比例：_____　　年龄层大致分布：_____

学员的岗位及职务分布：_____

三、关于本次培训的信息

计划培训课程名称：_____

四、为什么要做本次培训（目的、需求、背景等）

_____

五、主要销售什么产品？主要客户是谁？销售模式是什么（仅营销类课程需填写）

_____

六、目前遇到的问题和困惑主要有哪些（越具体越好）

_____

七、目前有哪些新媒体手段（如抖音、小程序等）（如有账号或作品，请提供）

_____

_____

八、本次培训最想收获的是什么？希望达到什么效果或产出

_____

_____

九、对培训师有什么期待或要求（喜欢什么样的培训师）

_____

_____

第四章
把握培训需求

十、其他需要注意的事情

_____

_____

二、需求分析，入木三分

根据调研结果进行有效分析是需求分析的重要内容。以"培训课程调研问卷"为例，有的信息较为直观，例如企业名称、所属行业等，有的信息则需要一定的分析能力。下面就如何分析调研表中的一些关键字段进行讲解。

1. 本次培训的提出者

培训的提出者是调研中非常重要的信息，不同的人对培训的期待可能相差甚远，甚至可能截然不同。同样一个需求，由老板提出、部门管理者提出，还是由基层员工提出，一定要了解清楚。每个提出者都有自己的想法，老板和基层员工的想法甚至可能是冲突的。

比较典型的矛盾场景是老板提出的培训让基层员工来参加，但老板要的和基层员工要的不一样。培训师到底该优先考虑谁的需求？这里我们首先需要了解两个概念——客户和用户。客户指为培训买单的人，可能是企业老板，也可能是HR负责人。用户指实际接受培训的人，即学员。有时客户和用户是一致的，有时客户和用户是不一致的。当客户与用户不一致时，到底以谁的需求为主呢？答案是，培训师应以客户的需求为主，同时兼顾用户的体验。要做到这一点并不容易，培训师需要在长期的实践中寻找平衡点，找到双赢的技巧。

不同的部门对于课程的诉求也不同。以短视频课程为例，如果由业务部门提出，那么客户更多地想利用短视频帮助业务员获取客户，提升销售业绩；如果由工会或党建部门提出并组织，则该课程更像一门兴趣课程，报名的学员除了想要把短视频用在工作中，还想学习一些短视频的拍摄与制作技巧以运用在生活中。了解了这些，设计课程便会有所侧重。

2. 参加人数

不同的培训内容和不同的培训形式所适宜的参加人数不尽相同。若把培训分为知识类、态度类与技能类三大类别，那么知识类与态度类培训对人数的要求相对宽松，技能类培训则对人数的要求比较严格。

例如，需要学员在课堂上实战演练的短视频课程，人数就不能太多。培训师有时会留拍摄或直播作业，第二天要对作业进行点评，这就要求学员人数不得超过40人，否则授课效果会大打折扣。

培训师需要在日常培训中不断明确自己的课程最适宜的人数区间，这样便可以对客户提供合理的建议。

3. 目前遇到的问题和困惑主要有哪些

通过这个问题，培训师不仅可以直观地了解客户的现状，还可以侧面看出学员对本次培训的参与热情。如果学员回答这个问题较为具体且富有热情，则说明当前的矛盾确实很大，学员的学习意愿很高；如果学员对描述当前的现状较为冷淡，则一定程度上说明学员的参与度较低，培训师在内容设计与教学策略上要多加注意。

4. 本次培训最想收获的是什么？希望达到什么效果或产出

上述问题既给了培训师明确的参考指引，又具有一定的迷惑性。很多时候客户自己想出来的期待与解决方案未必是最佳的，而培训师依据自己的专业经验给出的解决方案也未必适用于客户，因此双方最好提前达成共识，以免造成教学事故。

5. 对培训师有什么期待或要求

培训师可以通过这个问题看出企业的文化与学员的喜好偏向，以帮助自己提前调整教学策略。如果学员着重强调喜欢实战型的培训师，则可多安排一些实战环节，减少纯粹的理论讲解。如果学员更想在深度上钻研，就不要过分在广度上扩展。培训是人与人之间的交流，让学员喜欢培训师非常重要，这也是为培训师带来课程复购和转介绍的前提。

案例：抖音短视频课程需求分析

某500强企业要开展抖音短视频相关课程，培训师在培训前通过电子表单进行问卷调查。部分调查结果如下图（岗位、现状等信息未显示）。

从图中可以看出，培训师主要针对学员的基本特征和过往经验进行调查。在已调查的显性信息之外，还可以分析出一些隐性信息。

（1）男女比例为1∶3，显然女性销售员偏多，培训师在案例选择上可以偏重女性喜欢的话题。

您的性别	年龄段	哪些平台有账号	短视频制作遇到过哪些困难需要支持	最希望学习什么内容	对培训师有什么期待
女	31~40	抖音	视频剪辑	平台推荐机制、短视频脚本策划	简单易懂，可操作性强
女	31~40	抖音	不会操作	素材收集与灵感、剪辑技巧	希望能从技能小白讲起
女	31~40	无	无	短视频脚本策划、素材收集与灵感	无
女	31~40	抖音	学习短视频制作技巧	剪辑技巧	希望随后学习的课程类别多一些
女	41~50	抖音	暂时无	剪辑技巧	无
女	31~40	抖音	如何吸引用户	短视频脚本策划、素材收集与灵感	无
女	26~30	微博	不会剪辑	短视频脚本策划、素材收集与灵感	无
男	26~30	抖音	不会做	平台推荐机制、短视频脚本策划	专业、耐心
男	31~40	抖音	技术无法支撑自己想要做出来的效果，个可	平台推荐机制、短视频脚本策划、短视频发布文案	
男	26~30	无	无	平台推荐机制	
男	26~30	淘宝	前期引流：不投入很难吸引人	平台推荐机制	对于操作的软件进行详细讲解，吸睛离
男	31~40	抖音	素材获取，拍摄思路，视频剪辑	短视频脚本策划、拍摄技巧、剪辑	希望能系统学习自媒体方面的知识
男	31~40	抖音	想知道抖音引流的技巧	短视频脚本策划、拍摄技巧、剪辑	希望知道引流的技巧
男	26~30	抖音	点赞数少	短视频脚本策划、素材收集与灵感	尤其是高价值产品如何营销
男	26~30	抖音	未制作过	平台推荐机制	内容简单实用
女	41~50	抖音	没有	平台推荐机制	向老师学习
女	26~30	没有	不会制作、效果差、没思路	平台推荐机制、短视频脚本策划	希望老师讲课以实操为主
女	31~40	抖音	效果差	素材收集与灵感、剪辑	拍摄技巧有成效
女	18~25	抖音	新手	短视频脚本策划、剪辑	新手，能多学点实用的最好
男	26~30	抖音	制作技巧	拍摄技巧、剪辑	如何制作系列加强技巧性讲解
女	26~30	微信	拍的没有主题的东西比较多，有主题的比较少	素材收集与灵感、拍摄技巧	
男	51~60	抖音	关注度不高	平台推荐机制	学习、提升
男	41~50	抖音	话题不够爆炸	素材收集与灵感、拍摄技巧	灵感要激发
女	31~40	抖音	无	平台推荐机制、短视频脚本策划	注重剪辑
女	26~30	抖音	短视频内容规划，视频效果呈现	平台推荐机制	希望可以实用新颖
女	31~40	抖音	技术不高	拍摄技巧	希望有所提高
女	31~40	b站	文案、脚本、流程策划、镜头语言		
女	31~40	抖音	只会简单的拍摄、剪辑、后期制作比较难	短视频脚本策划	怎样涨粉，账号后期如何运营
男	无	无	暂无	拍摄技巧、剪辑技巧、如何制作系列	暂无
女	26~30	抖音	不知道怎么能使流量最大化	平台推荐机制、短视频脚本策划	希望能听到干货
女	26~30	抖音	无	拍摄技巧、剪辑技巧、如何制作系列	无

（2）通过岗位和年龄可以分析出学员的预期收益。通过调研发现，学员主要来自销售岗位，那么学员的主要预期是希望通过学习短视频来提升销售业绩、拓宽销售渠道，而其他岗位的学员则想学习手机短视频的制作技巧并将之应用到生活中。

（3）从培训现状看出，学员对抖音的熟悉度与期待度最高，因此讲述的平台可以以抖音为主，其他平台不做过多拓展。课程重点在深度，而不在广度。

（4）从学员期待看出，学员对了解抖音的应用场景与销售转化的诉求并不高，可见学员的基础较一般，学员希望提高自己，却不知从何处提高。因此，课程要有详细的学习地图，应该从零开始细致教学。

第四章
把握培训需求

三、学习目标，引人入胜

分析完培训需求，本次培训的目标便逐渐明确了，培训师需要写出具有吸引力的学习目标。撰写学习目标有三大作用：第一，便于培训师明确目标，在后续的内容设计与教学策略上有的放矢；第二，写出打动人心的学习目标便于和客户达成共识；第三，客户在发布培训通知时可传达本次培训的目的与收益，吸引学员参与，调动学员的积极性。

如何写出好的学习目标呢？受美国当代著名教学目标研究专家梅格的《程序教学目标编写》的启发，结合笔者多年的培训经验，在此为大家讲述撰写学习目标的"3W1H"公式。

W：Who——培训对象。可以部门、岗位、职务层级、项目等为维度描述。例如，以销售部、人力资源部、市场部、品牌部等部门为维度，以销售员、HR、运营人员、班组长等岗位为维度，以高层、中层、基层等职务层级为维度，以党务宣传、内训师团队、直播大赛等项目为维度等。培训对象越明确，培训对象的工作相似度越高，培训目标就越统一。

W：Where——在何种环境或条件下。任何知识或技能都有其适用边界，描述清楚在何种环境或条件下运用知识或提升技能能够让双方达成共识、权责清晰，以避免期待过高或与目标不一致的情况发生。

W：What——达到的目标或结果。目标或结果应该是可衡量的。管理学泰斗彼得·德鲁克在他的管理学说中特别强调衡量的重要性："如果你不能衡量它，也就不能理解它；不能理解它，也就不能管理它；不能管理它，也就不能改善它……你衡量什么，你就会得到什么……人们只会做你衡量和评价的事情，不会做你希望的事情。"我们常常会用一些行为动词来进行表达，以展示学员培训之后行为发生的变化。我们一般不使用"了解、掌握、熟悉"等无法量化的词，而常用"记忆、描述、识别、辨认、解释、概括、分类、预测、比较、说明、解决、展示、操作、计算、实施、运用、检验、判断、总结、产出、设计、开发、创建、修改、组织"等词语。

H：How——程度。光有行为动词还不足以衡量培训带来的变化，还需要说明变化到什么程度。

"3W1H"公式用一句话呈现就是：谁在什么情况下，做什么事情，到什么程度。

学习目标除了可以通过文字描述，还可以通过考试、提问、分享、案例分析、情景模拟、现场实战、作业、辩论、演示、项目设计等进行考量，而且这些方式因应用性更强而更能检验学习效果，近年来深受企业欢迎。

学习目标也可以用其他形式来替代。举个例子，表 4.1 为傅老师的直播带货课程表节选，这里用"成果输出"来替代对学习目标的描述，客户能够更加清晰直观地了解本次培训的产出。

表 4.1　直播带货课程表（节选）

时间	主题	内容	组织形式	成果输出
翻转课堂	开营与团队建设	开营、组队与分工	社群	团队分工表
	软件准备	抖音、App 直播、OBS 的操作	资料	

续表

时间	主题	内容	组织形式	成果输出
第一天	直播模式与运营技巧	1. 直播现状与痛点 2. "友商"与各省市经验分享 3. MCN 的玩法 4. 人：直播分工与角色职责 5. 货：自有产品与异业产品	培训工作坊	直播工作规划 人设定位表 选品库
第二天	直播运营技巧	1. 场：直播间配置 2. 选题：提升人气的直播选题 3. 标题：取标题训练 4. 海报：海报制作训练、贴片图制作	培训练习	绿幕抠图 5 个直播选题 5 张直播海报 10 个背景与贴片
第三天	主播特训	1. 主播的五大能力提升 2. KOL 的养成之路 3. 直播话术 4. 直播演练与 PK	培训课堂演练	话术库 主播上镜演练视频

四、课程标题，一见钟情

一个好的课程标题至关重要，名字即定位。这是一个注意力分散的时代，好的标题不仅能够清晰地表达课程的优势和亮点，还能够在海量信息中脱颖而出。

怎样才能撰写出打动人心的课程标题呢？我们一定要知道，**好标题的核心是便于传播！** 一个便于传播的标题可以使我们的课程卖得更好，可以让培训师拥有更强大的影响力。

在拟定课程标题时，不能以自我为中心，也不应只考虑标题是否高大上，最主要的是要便于传播。奇普·希思与丹·希思在畅销书《让创意更有黏性》中提出了让创意具有黏性的 SUCCESs 原则：简单（Simple）、意外（Unexpected）、具体（Concrete）、可信（Credible）、情感

(Emotional)、故事（Stories）。乔纳·伯杰在他的畅销书《疯传：让你的产品、思想、行为像病毒一样入侵》中也指出了让品牌得以疯传的六个原则：社交货币、诱因、情绪、公共性、实用价值、故事。这些原则都将指导我们撰写出好的题目。

具体该如何写出好标题呢？送给大家三个非常实用的方法。只要学会这三种方法，你的课程标题、各种场合分享的标题、自媒体运营的标题都能令人眼前一亮。

1. 开门见山法

开门见山法，顾名思义就是让观众看一眼便知道讲什么、对谁讲、有何用。把观众最关心的要素罗列出来，简单高效，一目了然。这些要素主要包含：目标学员、学员收益、核心内容等。

（1）用"核心内容"命名，直接表明这门课程主要讲什么。例如，"销售技巧""视频剪辑""直播带货""领导力提升"等。

（2）用"目标学员+核心内容"命名，聚焦固定人群，显示的是"谁要学什么"。例如，"门店销售技巧""电商团队的微信运营培训""客户经理线上获客技巧"等。

（3）用"目标学员+学习收益+核心内容"命名。例如，"高效能人士的7个习惯""金融业的微信成交技巧"等。

2. 主副标题法

"主标题+副标题"是最常用的课程标题形式之一，可以从多个角度阐述课程，颇受培训师的喜爱。

主标题点明课题方向，副标题对主标题进行解释或揭示其亮点、收益、结果等，使标题既精准又有吸引力。例如"鱼塘式营销：小成本撬动大流量"，主标题"鱼塘式营销"是一种实用的营销方式，副标题"小成本撬动大流量"则对主标题进行了解释，说明了用较小的成本完成客户引流，起到画龙点睛的作用。再比如"直播带货技巧：如何成为网红销售员"，主标题"直播带货技巧"说明这个课程是讲什么的，副标题"如何成为网红销售员"则用比较生动的语言说明了课程的目的。事实证明，学员对成为"网红销售员"普遍感兴趣。还有"DISC性格分析：知人善用的职场沟通术""狼性销售：销售冠军是如何炼成的""享受拒绝：如何成为销售高手""世界咖啡：创造集体智慧的会谈方法"等，都值得大家细细琢磨。

3. 隐喻标题法

隐喻标题法与主副标题法类似，也是由两句话组成的，只不过主标题可以用一个比喻来很好地揭示课程的某个核心点，给整个标题留下更大的想象空间，具有一定的艺术性。

好的隐喻标题犹如点睛之笔，令人拍案叫绝！

例如傅老师的知名课程"乘风破浪：直播带货实战训练营"，"乘风破浪"四个字即运用了隐喻，既暗示了要利用直播的这个风口，打破传统营销瓶颈，在互联网渠道上踏浪前行，又关联了2020年一档红极一时的综艺节目《乘风破浪的姐姐》。该课程傅老师仅在中国移动就交付了超过60天，一个很重要的原因就在于中国移动的"小姐姐"对标了《乘风破浪的姐姐》，这让课程更加贴近学员、更富有吸引力。

再比如，"同行者：学习型产品经理能力普及分享"是我们的朋友苹果老师给培训师、教练群体定制的一堂众筹课。"同行者"三个字很好地诠释了该课程的精神——共学、共创、共行。苹果老师这样解释：第一，不求流量，不想出名，不要经济产出；第二，只给身边的人讲讲现实工作中可能需要的知识；第三，让成员之间有链接、有互助，构建学习型社群。"同行者"三个字所表现出的精神价值远远大于标题本身。

在众多标题中，如果能够想出好的隐喻，我们可尽量采用隐喻标题法。例如"养鱼高手：私域流量营销实战技巧""新引爆：微信视频号运营与推广""核裂：金融业短视频引流变现实战训练营"。

为什么隐喻这么重要呢？脑科学研究显示，人在思考时会调动左右脑，左脑功能偏于理性，右脑功能偏于感性。客户在看到用开门见山法写出的课程标题时，往往会采用左脑思考，认真审视课程的内容、价值、收益等，容易陷入细节比较、讨价还价的境地，而好的隐喻往往能调动人的右脑，更容易让人看到愿景、展望未来，充满画面感与想象力。好的隐喻加上副标题，能同时满足左脑与右脑的思考偏好，更具有吸引力和说服力。

我们也必须意识到，隐喻标题法具有一定的难度，不应为了隐喻而强行堆砌辞藻，不恰当的比喻只会画蛇添足，甚至造成负面影响。

4. 自媒体标题法

2016年以来，自媒体爆发式发展，在线教育与知识付费兴起，很多课程被搬上了互联网，借助移动互联网技术，以多场景形式对知识产品和服务进行分享和传播。可是，很多传统课程放到了网络上却无人问

第四章
把握培训需求

津，很多培训师网上授课水土不服，为什么会这样？一个很重要的原因是互联网平台有其独特的规律，线上群体的学习习惯也与线下不同。线上课程，更加需要快速抓住学员的注意力，快速激发其学习兴趣，对标题的要求更高，传统的取标题的方法显得不够吸睛。

傅老师在网上有超过300篇10万+阅读量的文章，深谙其道，他用做自媒体爆款内容的方法给课程取标题，即自媒体标题法。自媒体标题法的核心是化繁为简，具体来说就是标题中既要有足够的信息增量，又让人感觉很简单，给人一种干货很多、付出很少的感觉。要想达到这种落差效果，可通过数字进行量化，让人觉得内容真实可信，又能减少学员的压力。

例如"新媒体营销：创新营销7堂课"，该标题通过数字让课程内容更加量化，把复杂的新媒体营销梳理为7堂课，一目了然。自媒体标题法中的数字常用阿拉伯数字，视觉冲击力更强。

值得警惕的是，切莫为了吸睛而弄虚作假、过度夸张、诱导观众，这些都是不可取的"标题党"做法。

CHAPTER 5

| 第五章 |
设计课程内容

做课程就像建房子，必须有稳固的地基、主梁，房子才能坚固牢靠。对培训需求进行分析，明确了学习目标后，就可以进行课程的内容设计了。

实际上，很多培训师存在一个误区，即把课程内容等同于 PPT 课件，习惯性地跳过结构设计环节而直接开始做 PPT 课件。这将导致课程在科学性、丰富性上有所欠缺。好的结构设计不仅可以帮助培训师又快又好地做出对客户有用的培训课程，也更利于课程的后续迭代。

搭好骨架，再填充好骨肉，最后辅以血液，一个"有表有里"的课程便呼之欲出了。

一、经验萃取实操步骤

课程内容的来源很多，有的来自组织内部的最佳实践，有的来自组织外部的最佳实践，有的来自图书和资料，有的来自已经非常成熟

| 第五章 |
设计课程内容

的版权课。

"721法则"指出,"人们70%的能力提升来自实践",经验是培训内容的重要来源之一。任正非先生曾说,企业最大的浪费是经验的浪费。

任正非先生在华为大学教育学院工作汇报会上强调:人要善于总结,人的思想就是一根根的丝,总结一次打个结就是结晶,四个结就是一个网口……总结得越多,就越能网大鱼……

很多培训师有着丰富的行业经验,将行业经验与个人经验提炼成课程内容是最常用的内容设计方法之一。

人们的经验通常可以分为显性经验和隐性经验,显性经验指能够明确表达的知识,例如,电视剧《安家》中房产中介房似锦说,每发十万份传单便可以带来一个客户,这些经验是在充分统计和分析后才能被表达出来的。隐性经验是高度个性化且难以格式化的知识,例如,新员工请教老员工如何获取客户的信任,老员工苦心冥想之后说道:"我也不知道,我就是跟客户聊上10分钟,客户就会想要和我做生意。"

如何使个人的隐性经验显性化?如何让成功的经验得到复制与推广?如何让组织经验沉淀下来?一位优秀的培训师必须懂得经验萃取。

"萃取"这个词源自化学,原指一种提纯技术,后来被培训界引用,用来比喻对经验的提取。美国心理学家大卫·库伯在《体验学习:让体验成为学习和发展的源泉》一书中指出,成人学习是由四个有机步骤构成的循环圈。有效的内容萃取应该符合库伯的经验学习圈(见下图)。

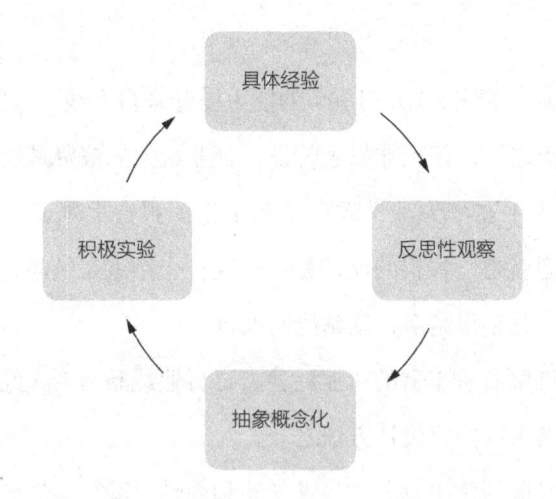

```
        具体经验
    ↗         ↘
积极实验      反思性观察
    ↖         ↙
        抽象概念化
```

(1) 具体经验：对经验进行梳理和分类，明确需要萃取的内容。

(2) 反思性观察：对专家的经验进行复盘。

(3) 抽象概念化：将零散的、具体的经验进行整合与加工，发现其中的规律，提炼升华，变零散为有序。

(4) 积极实验：将经验制成适合学习与推广的材料，充分发挥其作用。

关于经验萃取，国内外有不少专家做过非常详尽的研究，不同的流派与方法总体上大同小异，基本都基于大卫·库伯的经验学习圈理论，再结合实际情况进行相应调整。当前流行的萃取方法有团队共创法、焦点小组法、案例萃取法等。

本书同样基于大卫·库伯的经验学习圈理论。下面我们利用一个销售案例来分享经验萃取的四个步骤和五种渠道。

| 第五章 |
设计课程内容

案例：销售冠军笑笑

笑笑是一家工业品公司的销售主管，她已经连续5年获得公司的年度销售冠军了，她维护的大客户单价高、利润高，而且信任感强，能够与她形成持续且稳定的合作关系。笑笑为什么能够做好大客户销售？其背后有哪些值得同事或同行学习的经验呢？

第一步：重现情境，寻找共性。

我们需要回忆真实的场景，寻找优秀案例的共性所在。重现情境，我们发现笑笑是一个特别热情的人，总能为客户着想。她会先跟客户聊天，获得信任之后再谈产品。她还会用各种方式邀请客户见面详谈，然后随机应变，增进彼此了解和信任。

第二步：追溯细节，分析差异。

光有优秀案例还不够，结论的信度和效度仍待验证，我们需要找出作为销售冠军的笑笑和业绩不佳的员工之间的差异，也就是成功案例和失败案例的差异。

相比之下，笑笑的同事们销售业绩惨淡，这是为什么呢？原来，同事们总是急不可耐地向客户推销产品，在客户眼中，这些销售人员只是个"报价机器人"，所以成交率非常低。除工作外，他们缺乏与客户的长期联络，客户很容易转向与其他竞争对手合作。对比发现，笑笑与其他人在客户维护、客户邀约、商务谈判上是有差异的。

第三步：复盘经验，发现规律。

透过现象看本质，结合更多的实际案例和理论依据找到现象背后的规律和可以萃取的技能。经过复盘，我们发现，笑笑在客户邀约、获取客户信任、挖掘客户需求、塑造产品价值、应对客户抗拒等环节中都有很多独到的方法与技巧，这些方法使得笑笑虽然与同事们卖的是一样的产品，拿到的是一样的价格，但能轻松成交。

第四步：形成模型，促进转化。

将以上规律进行升华，与公司的战略、文化、价值观、销售思维等结合，最后我们总结出大客户销售五步法：破冰、邀约、挖掘痛点、塑造卖点、谈判。我们可以由此打造一门销售课，推广给更多销售人员。

那么，这些经验从何而来呢？作为培训师，要时时处处做一个有心人。常见的经验萃取渠道有以下五种。

第一种，从工作中萃取。大多数培训师有相当丰富的经验，无论在组织内部，还是在组织外部，无论从竞争对手视角，还是从行业视角，都可以进行大量的经验萃取。这是最主要的经验萃取渠道。

第二种，从生活中萃取。生活处处皆学问，生活细节背后隐藏着众多的规律。很多销售高手并不是对产品最熟悉、工作最敬业的员工，但他们特别善于察言观色，与客户聊家常的同时就把订单给签了，这里面的沟通技巧更多来源于生活而非工作。

第三种，从学习中萃取。培训师是最需要学习的人群之一，需要破除自身的思维定式，突破自身的认知瓶颈，在学习中取长补短，融会贯通，紧跟时代。

第四种，从成功中萃取。培训师要将成功案例中的优秀经验进行提炼与完善，使之发挥更大的效用。

第五种，从失败中萃取。失败案例与成功案例同样重要。培训师可以从失败案例中总结经验，避免误区。

| 第五章 |
设计课程内容

二、打动人心的案例与故事

搭建完框架，便可以填充正文了。案例是正文中最重要的内容之一。不同的课程有不同的理论、知识、方法，但几乎都需要合适的案例，经验萃取的内容也多用案例的方式进行呈现。

案例是包含问题或疑难情境在内的真实发生的典型事件，为学习者提供分析问题和解决问题的机会。从定义中我们可以清晰地感受到案例的特点（真实性、典型性）与作用（解决问题或摆脱疑难情境）。俗话说，吃一堑长一智，从案例中吸取智慧与经验比单纯说教的效果要好得多。

案例与故事容易混淆，案例有时间、人物、事件的具体描述，强调故事性和情节性，案例可以被看作一个故事，但故事不一定是案例。前面我们讲过如何用案例做课程设计，那么故事和案例有什么区别，又有什么相似之处呢？

案例和故事的区别，首先是真实性不同。案例是真实发生过的，有时间、地点和人物，还包含一定的真实数据，追求典型性。故事可能是虚构的，不用太讲究时间、地点和人物，追求趣味性。然后是场景不同。案例的场景基本都是工作中的场景，与学员的工作相关，是为了证明观点而存在的。故事的场景比较多元，可能是在工作中，也可能是在生活中，也可能是虚构的，目的是带出课程主题。见表 5.1。

表 5.1 案例与故事的主要区别

对比项	案例	故事
真实性	必须是真实的	可以是真实的，也可以是虚构的
特征	追求典型性	追求趣味性
目标	有明确的学习目的，通过案例探讨来提升分析与解决问题的能力	主要用于激发学员的兴趣，吸引注意力，帮助学员理解某一观点或道理

两者的相似之处，首先是都可以实现课程的互动效果，都可以分组讨论；其次，都可以是正面的或反面的；最后，两者都是为课程主题服务的，不能游离于课程之外。

使用案例有四大好处。

（1）真实感。好的案例可以让培训师的内容更有依据和支撑。

（2）代入感。尤其是那些与学员密切相关的案例，能够让学员快速进入情境进行自我对照。直指学员痛点并提出解决方案的案例，在课堂中备受欢迎。

（3）故事性。没有人喜欢听别人说教，案例的故事性更能让学员听得津津有味。

（4）互动性。案例在呈现中可以设置大量互动，让学员充分参与和思考，使课堂效果更好。

一个好的案例应包含四个部分：标题、事件描述、案例分析、启示与反思。

1. 标题

好的标题更容易引起学员的关注与兴趣，能起到画龙点睛的作用。

第五章
设计课程内容

如何撰写一个好的案例标题呢？这里为你介绍五种标题的类型。

第一种：直接概括型。标题简单明了，直接概括案例的主要内容，例如"客户开发的三个'鱼塘'""提升人气的六种互动方法""阿里销售铁军"等。

第二种：问题提示型。通过问题直接揭示案例的实用价值，例如"企业微信如何吸粉？""如何将短视频做成爆款？""怎样激活朋友圈？"等。

第三种：结果型。描述令人向往的好结果，既可以说明案例的重点，又可以激发学员的兴趣，起到设置悬念的作用。例如，"一个月短视频涨粉120万""一场团购引流6000人，成交300万元""他只用一招就在朋友圈卖出15万元的产品"等。

第四种：形象比喻型。对案例的价值做一个比喻，可以让案例更有艺术性，例如"寻找鲨鱼客户""小兔子钓鱼——设置鱼饵的四大陷阱"。

第五种：以小见大型。既点明案例的要素，又暗示案例的价值，例如"一个馒头引发的血案""鸿星尔克背后的民族企业"等。

2. 事件描述

培训师需要对案例进行完整描述，还原事情经过、遇到的问题及当事人分析与解决问题的全过程。事件可以让学员有身临其境的感觉，我们可采用5W1H工具把事件描述得更清晰（如下图）。

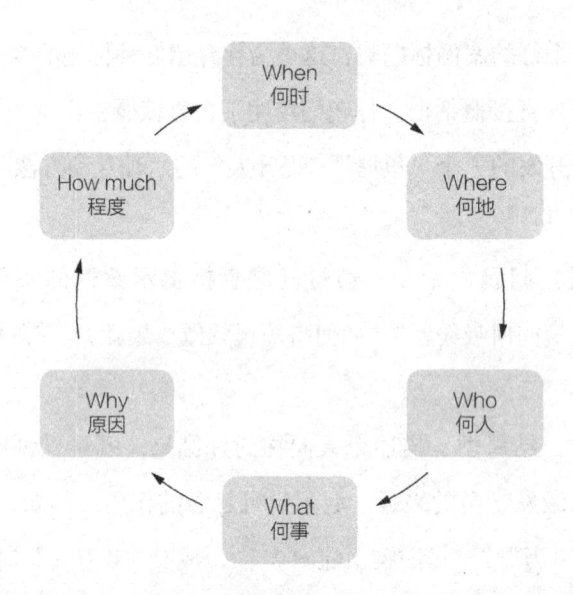

```
        When
        何时
  ↗            ↘
How much       Where
 程度           何地
 ↑              ↓
 Why           Who
 原因           何人
  ↖            ↙
        What
        何事
```

需要注意的是，培训中的案例常常需要加工以满足教学的需要。案例来源于生活又高于生活，需要培训师加工为比较典型的且能代表某一类现象的案例。加工的主要思路包括情节加工、人物加工和逻辑加工。

（1）情节加工。对案例的情节进行一定的改编，使它更加具体、更加真实、更加符合课程的主题。在情节改编过程中，尽量结合学员实际情况，让学员听到案例时更容易身临其境。

（2）人物加工。如果一个案例中的人物关系太复杂，那么学员很容易搞混或听着很累，培训师可以将很多人物的经历集中在某一个人身上，这样更具代表性。

（3）逻辑加工。几个案例可以相互独立，也可以相互关联，在案例加工时需要考虑与选择。具体包括以下两种方式。

一种是独立设计式，即课程中的每一个案例都是相互独立的，它们之间没有什么关系。例如，在一个销售课程中，开发客户环节用小张的例子，谈判环节用小王的例子，逼单环节用小李的例子，小张、小王和小李之间没有什么关系，最好案例也是在不同公司发生的，每一个案例能说明一个或多个道理。

另一种是递进式，即几个案例是连贯的关系，相互有连接，形成一个整体。比如，从头到尾都是小张的例子，分析他是如何从一个销售小白变成销售高手的。职场销售书《林妹妹升职记》，就用"林妹妹"这一个人物串联起整个销售流程和销售员的成长历程。打造连贯的案例难度比较大，但它更真实、更有说服力、效果更好，西方的很多商学院采用这种形式。

3. 案例分析

描述完案例的全过程后，培训师需要引导学员分析案例。描述案例通常以时间为线索，分析案例则以问题的分析与解决为线索，揭示案例中的因果关系、重要方法等。在案例分析阶段，可以设计不同的教学法，例如提问、学员PK、辩论、头脑风暴、角色扮演等。

4. 启示与反思

将案例中的启发进行总结和归纳。如果是正面案例，则主要针对案例中的解决措施进行提炼与升华；如果是反面案例，则主要总结案例中的失误、教训。

再来说说故事。我们从小就喜欢听故事，故事伴随我们长大，我们也通过故事学习到很多做人做事的道理。通过故事阐明道理也是中国人喜闻乐见的表达方式。因此，要想让课堂氛围更加活跃，故事教学是培训师必不可少的绝招之一。

培训师可以通过讲述一个个有情节、有人物、有冲突、有内心独白、有对话的活灵活现的故事来快速抓住学员的注意力，同时润物细无声地把课程主题引出来。

比如，在讲"鱼塘式营销"的课程时会提到"鱼饵"，我们在讲如何设计"鱼饵"之前经常会讲一个小兔子钓鱼的故事：

小兔子去钓鱼。第一天，小兔子非常认真，看到鱼塘里有好多鱼在扑腾，但它钓了一整天，连一条鱼也没钓到。小兔子没有灰心，第二天接着钓，可依然一无所获。第三天，小兔子仍然没有放弃，它记得妈妈说过"做事要坚持"。这一天，小兔子刚把鱼钩放进水里，就有一条鱼伸出头来，生气地对小兔子说："小兔子，小兔子，你要是再拿胡萝卜来喂我，我和你没完！"原来，它自己喜欢吃胡萝卜，便自以为是地认为鱼也喜欢吃胡萝卜。结论是，小兔子选错了鱼饵，自然钓不到鱼。

通过这个故事，学员会理解鱼饵的设计必须基于客户的需求，而非自己的喜好。这样一个形象有趣的故事既激发了学员的兴趣，又带出了课程主题。

故事教学法必须注意四点。

第一，故事必须切合课程主题。故事必须跟课程主题相关，要么是为了带出一个新课题，要么是为了对课程进行补充说明。

第二，声情并茂。根据麦拉宾法则，讲故事要发挥语音、语调、表情和肢体动作的优势，培训师的倾情演绎会让故事更生动、更出彩。

第三，抓住"四何要素"。虽然故事不需要和案例一样特别真实，但最好也包含四要素——"何人""何时""何地""何事"，也就是谁在

| 第五章 |
设计课程内容

什么时候在哪里发生了什么事，以使故事更加有血有肉、更有说服力。

<u>第四，讲而不是展示</u>。故事应从培训师的嘴里讲出来，而不是通过PPT或打印文稿展示出来，因为培训师的亲口讲述会让故事更有趣、更吸引人。

那么，如何把一个故事讲好呢？

首先，培训师要懂得随时搜集新颖的好故事，听到一个好故事马上记录下来，整理好自己的故事素材库，尽量避免讲大家都听过的老套故事。

其次，培训师要反复练习和演绎。新故事一定要讲10次以上，而且不仅要讲给自己听，还要讲给身边的人听。多讲、多练才能越讲越熟练、越讲越出彩。当然，也可以把自己讲的故事录下来，然后反复听并不断改进，再放到课堂上去讲。

最后，搜集到一个新故事时，还可以通过自己的改编让故事更加精彩，更能与自己的课程主题相符。但是要注意，历史故事不适合修改。

三、用便签法快速构建框架

虽然课程设计往往需要先构建好框架再填内容，但灵感往往是零散的。把零散的灵感与素材组合成有逻辑的、系统的内容框架，常常令很多培训师望而生畏。面对纷繁复杂、信息零散的素材，人们很容易产生焦虑感，不知从何处入手。其实，不妨将所思所想随时随地写下来，再用一定的逻辑和思路整理成完整的内容，这就是便签法，即用便利贴快速做好内容的记录、整理和输出。

第一步,"买菜"。首先准备足量的便利贴,形状和颜色没有要求,简单实用即可。联想到一个点,就把这个点写在便利贴上,无论观点、故事、人物还是互动,都可以言简意赅地写到便利贴上,然后随意地贴在醒目的位置。

比如,在备课的过程中,你想到了课程开发与设计,想到了如何制作PPT,想到了使用什么视频素材,想到了如何讲故事,还想到了自己第一次上台讲课的经历等,这些都可以写在便利贴上。不用考虑观点是否得当,也不用考虑是否会重复,大胆地写,不要限制自己的思维,这个过程就是一种头脑风暴。如果要用一个形象的比喻来形容,那就像"买菜",把需要的主菜、配菜、调味料等都买齐了。

第二步,"配菜"。接着对零零散散的素材进行分类,例如,把关于课程设计的便利贴放在一起,把关于PPT设计的放在一起,一项一项分好类。对于每个类别,要把相似的内容归纳起来:有先后关系的,按照先后顺序上下竖着放;有并列关系的,左右并排着放;重复的,可以去掉多余的;不够具体的,继续补充。如此把便利贴整理得井井有条,这个过程就像"配菜",把需要做的菜的原材料搭配好,并且定好先做哪样,后做哪样。

第三步,"做菜"。最后完整地检查一下所有的逻辑和内容,进行补充、舍弃或移动,这样即可形成一套完善的课程框架。有了框架,再补充内容就非常容易了,这就像"做菜",一切水到渠成。

经过"买菜""配菜""做菜"的步骤,课程的框架和内容就非常清晰了,我们便不会觉得无从下手或逻辑混乱了。

四、用鱼骨图快速设计课程

除了便签法，鱼骨图也是一个非常好用的课程设计工具，它用一条清晰的主线把课程完整地串联起来，有头有尾，非常实用。

鱼骨图由日本管理大师石川馨先生发明，故又名"石川图"。鱼骨图最早用来分析问题，是一种发现问题背后根本原因的方法，也称为"因果图"，其特点是简洁实用，深入直观。

鱼骨图最初多被应用在生产管理中，不仅可以用来找出生产中问题背后的原因，根治问题，还可以作为可视化管理的主要工具，用来形象地表示生产车间的流程。

由于鱼骨图逻辑性强，层次分明，视觉性好，可通过彩笔在白纸上绘制出来，因此现在很多培训师会用鱼骨图来做课程设计，同时也用它来进行论文或著作的结构设计。

如何用鱼骨图进行完整的课程设计呢？首先要了解鱼骨图的构成。整个鱼骨图分为四大模块（如下图）。

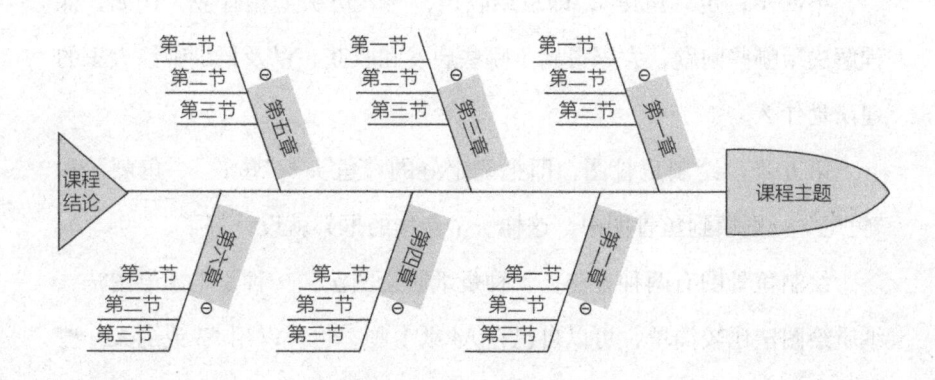

（1）鱼头：课程主题；

（2）鱼骨：核心问题（章）；

（3）鱼刺：解决问题（节）；

（4）鱼尾：课程结论。

鱼骨图的使用流程如下。

第一步，定"鱼头"，确定课程主题。

第二步，定"鱼骨"。每一根鱼骨就是一个独立而完整的课程模块，也称为"知识单元"，通常以"章"命名。这里只需定好每一章的题目，章与章之间要有一定的逻辑性。

第三步，定"鱼刺"，即确定每一章下面包含的小节，同样只确定题目即可，后面可再做调整。"鱼刺"的逻辑性就更强了，它围绕着"鱼骨"做分解。

通常鱼刺不能太多，建议采用"三点式说明法"，尽量控制在三点：少于三点，对学员的说服力不够；多于三点，学员听得不耐烦，也记不住。

第四步，定"鱼尾"，即总结收尾，与"鱼头"相呼应，比如，课程解决了哪些问题，大家得到了哪些启发和收获，以及培训师给大家的建议是什么。

第五步，绘制鱼骨图，即把确定好的"鱼头""鱼骨""鱼刺"和"鱼尾"分别填到鱼骨图中，这样一个课程的框架就设计好了。

绘制鱼骨图有两种方法，一种是纸质绘图法，一种是电子绘图法。纸质绘图法比较简单，可以自己在A4纸上画，也可以用A3或更大一些的纸画，这样视觉冲击力会更强。可以用不同颜色的笔进行绘制，比如画线部分可以用黑色，鱼骨的文字可以用蓝色，鱼刺的文字可以用红色，之后再用其他颜色进行点缀，甚至可以加上水纹、水草和其他小鱼，这样一张完美的鱼骨图就呈现出来了。电子绘图法则是通过各种绘图软件或思维导图软件来完成绘制的方法，如上文展示的鱼骨图就是用电子绘图法绘制出来的。

五、打造"知识单元"七步法

每位培训师都应该有自己的知识体系，每门课程也有其知识体系，这些知识体系都由零散的知识点组合而成。知识并非越多越好，一个没有知识体系的人，脑袋里装的知识越多则越混乱，而高手不仅会把每个知识点弄得清清楚楚，还对知识点与知识点之间的联系了如指掌。

如果知识点之间能够形成稳定的架构，知识就会形成一个个模块化的"知识单元"（Unit of Knowledge，简称 UOK）。知识从零散的点变成了一个个单元模块，培训师可随时提取与调用。

一门课程往往由多个 UOK 根据一定的逻辑组合而成。培训师需要提炼出一个个 UOK，根据需求快速而高效地设计完整的课程。比如，跨部门沟通中的沟通技巧包含：提问技巧、聆听技巧、说服技巧等，每一个技巧都是一个独立的 UOK，培训师可以拿出来放到"新员工培训""赢在中层""双赢谈判"等不同课程中去使用。

那么如何设计一个完整的 UOK 呢？需要下面七步。

<u>第一步，抛出问题。</u>

每个 UOK 只集中解决一个具体的问题，可通过故事、提问等方式

抛出问题、引发思考。

第二步，放大痛点。

为了让学员重视问题，培训师可以通过一个反面案例来让学员产生共情。例如，培训师可以在"目标管理"课程中分享一个案例：一位车间主任又在办公室里对着下属大发脾气，原因是原来计划好的项目交付时间已经到了，但车间竟然还没有完成任务，造成了合同违约，企业需要承担每天1%的违约金。培训师可以让学员讨论：为什么预定好的目标完不成呢？

第三步，提出观点。

突出问题的严重性后，要寻找解决问题的方法，也就是提出观点。提出观点前可以用一个正确的案例或故事引出观点。

例如，"马拉松冠军的获胜秘密"这个案例。

在1984年的东京国际马拉松赛中，日本选手山田本一获得了冠军。之前都是非洲裔选手夺冠，这次竟然是一位亚洲选手夺冠，记者纷纷跑来询问他夺冠的秘密，但山田并没有公布这个秘密，因为他还要继续比赛。

之后马拉松锦标赛在意大利举行，他又夺冠了，这次他答应记者，他会在自己退役后公布答案。

10年后他退役了，出版了自己的人物传记，在书中他公布了自己的秘密，那就是把42.195千米的赛程提前分割为8段，然后每隔5千米找一个参照物，作为目标。发令枪一响，他就全力向第一个目标跑去，然后是第二个目标、第三个目标……直至他跑到终点。

这个案例告诉我们，要把大目标分割为一个一个小目标。大目标对

第五章
设计课程内容

我们来讲太难了，但小目标则很容易实现。当每一个小目标都实现后，大目标也就实现了。

第四步，解决步骤。

点明观点后，就到了最关键也最容易落地的部分——提出解决方案。

解决方案最好用步骤来阐述，还要从学员的角度去阐述。对于新员工来说，步骤阐述要非常清晰；对于老员工或高级学员来说，步骤阐述可以适当简化。

例如，个人目标的分解通过日清表来解决，步骤如下：

（1）每天早上提前到岗；

（2）在笔记本上列出当日要做的所有事；

（3）按轻重缓急排列要做的事；

（4）给每件事设定完成的时限；

（5）及时勾掉已做完的事；

（6）下班前核对完成情况，没有完成的加班完成。

第五步，案例证明。

找到解决方案后，还可用一个或多个正面案例来示范，以证明方案的有效性。对实际操作过程的演示能让学员有更清晰的认知。例如，向学员呈现某企业总裁秘书的一天。总裁秘书之前没有通过日清表来安排工作，结果手忙脚乱，总在到处"救火"。后来，总裁秘书开始用日清表来管理自己每一天的工作，她的工作就变得井然有序了。这时，培训师可以把总裁秘书的日清表展示给学员。

第六步，模拟练习。

让学员按照步骤结合自己实际遇到的问题进行情景模拟演练或角色扮

演，夯实学到的技巧。例如，让学员制作明天的日清表，然后进行分享。

第七步，测试回顾。

通过课堂小测试检验学员的掌握情况，然后回顾总结。如果时间充裕，可以让学员自己总结；如果时间不够，就由培训师进行总结。

六、设计高质量的课程大纲

通过上文的学习，我们能够通过经验萃取等方式获得优质的内容素材，通过便签法、鱼骨图打造课程框架、设计课程，再通过案例故事、内容设计七步法添加精彩的具体内容。将课程设计通过一定的格式展现出来，便形成了课程大纲。

课程大纲需要展示课程的适用范围、内容安排、时间安排、学员收获等。换句话说，课程大纲就是培训师的产品，培训机构只要有课程大纲，便可以将课程推荐给合适的客户。客户看到课程大纲，便能够决定自己是否需要采购该课程。从一定程度上说，课程大纲的好坏，直接影响着培训师的课量。因此，培训师一定要好好打磨课程大纲。同时，如今时代和市场快速变化，培训师必须具备快速适应时代和市场的能力。培训师要不断更新课程大纲，不断打磨自己的产品。

曾有一位大咖培训师，辛辛苦苦开发了一门课程，起初卖得很好。于是，他信心满满，每天忙于讲授该课程。可是过了两年，该课程突然没有客户采购了，他的课量呈现断崖式下降，他自己十分焦虑，不知所措，甚至一度怀疑人生。我们建议他跟培训机构与客户沟通一下具体的

| 第五章 |
设计课程内容

问题。原来,由于他一直没有更新课程大纲,老客户便没有新的课程可以采购,而且课程中的说法也有些过时,客户对其他类似的课程更感兴趣,转而采购其他培训师的课程。这时他才幡然醒悟,于是针对当前市场的情况与得到的客户反馈,迭代了自己的课程大纲,课量果然慢慢恢复了。

对于该培训师而言,他不缺少课程迭代的能力,也不缺少新课交付的能力,只是因为课程大纲太老旧而丧失了对客户的吸引力。

课程大纲分两种:一种是通用课程大纲——培训师在自己的研究领域经过精心设计打磨出几门主体课程,形成通用课程大纲,主要用于市场推广和客户选择;一种是定制课程大纲,是培训师经调研后为客户"量身打造"的课程大纲。培训师必须具备快速设计、快速写出课程大纲的能力,否则很容易错失机会。

培训师通常会把多门课程的通用课程大纲打包在一起,形成一个文件夹,即课程包,提供给培训机构或经纪人,由他们对客户需求进行匹配或精准推广。若客户对某个课程感兴趣,经过沟通与调研,培训师便可以再给出定制课程大纲。据统计,定制课程大纲的销售成功率远远高于通用课程大纲。

因此,培训师不要嫌麻烦,提供定制课程大纲既是对客户的尊重与负责,也是培训师不断进步的好机会。不少新手培训师,写一份课程大纲十分耗时耗力,痛苦万分,这说明培训师自己的水平还有很大的提升空间。总之,培训师要坚持定制,反复练习,才能快速进步。

课程大纲应该怎么写呢?理论上,课程大纲并没有固定的格式,重点在于能够把课程描述清楚,体现自己的优势和特色,能够打动客户。

1. 课程大纲模板

表 5.2 展示了常见的课程大纲模板，读者可直接填充或根据实际需要进行修改。

表 5.2　课程大纲模板

课程大纲						
课程名称				主讲教师			
适用对象				课程时长			
课程目标						
课程收益						
一级目录（章）	二级目录（节）	三级目录（知识点）	授课形式	时间安排	教学方法	

第五章
设计课程内容

为了让大家更准确地理解该模板,我们对表格中的文字进行如下说明。

(1) 课程名称:指课程的标题。如何写出精彩的标题,详见本书第四章。

(2) 主讲教师:指培训师的姓名。

(3) 适用对象:指课程针对的学员群体,如中层管理人员、基层销售人员等。准确地指明适用对象,有利于客户评估课程的匹配度。

(4) 课程时长:指课程需要上多久,一般以天为计量单位。在企业培训中,通常授课时长为6小时。如果晚上也授课,通常为3小时,折合为0.5天。不足一天的课程,则按照小时来计算。如果不足1小时,则按照分钟来计算。

(5) 一级目录。一级目录填写章数与章名,格式为"一、×××;二、×××",以此类推。课程章数不可过多,一般以4~7章为宜,最多不超过10章。

(6) 二级目录。二级目录填写节数与节名,格式为"1.×××;2.×××",以此类推。通常一章分为3~6节,每一章的节数最好相对均衡。

(7) 三级目录。三级目录直接填写知识点,限制较少,可根据实际情况补充知识、练习、讨论、作业等。

(8) 授课形式:包含培训、工作坊、引导、教练等。

(9) 时间安排:主要填写具体执行时长。

(10) 教学方法:主要包括讲授法、演讲法、案例教学法、视频教学法、角色扮演法、道具教学法、游戏活动法、小组竞争法、情景训练法、实战演练法、头脑风暴、情境高尔夫等。其他需要说明的教学过程也可填写在此处。

以上为常见的课程大纲模板，主要以课程内容为主线，在课前沟通时，可根据客户需求与实际授课时长进行调整。例如，预计4天的课程，因客户预算有限只上一天，则可挑出其中的部分章节进行授课，或者将整体内容压缩。因此，很多培训师会针对该课程主题写出4天版、2天版、1天版、半天版的课程大纲，以应对不同的客户。

微信公众号搜索"傅一声"，关注公众号并回复关键词：转型培训师，即可免费领取"课程大纲模板"。

2.训练营大纲

近年来，越来越多的课程被做成了训练营或小项目，这样做不仅强调课程内容，还突出实战与成果输出，多以结果为导向，以时间为主线。表5.3展示了傅老师的一个为期5天的行业定制版直播训练营课程大纲。出于对客户隐私和知识产权的保护，书中仅摘录部分内容。

表5.3　训练营课程大纲（部分）

课程标题	直播带货与KOL网红训练营		培训师	傅一声
使用技术	培训+工作坊+训练实战		时长	5天
时间	主题	内容	组织形式	成果输出
前置工作 （2周前）	开营	开营、组队与分工	社群	团队分工表
	软件准备	直播平台实操	资料自学	开播记录
第一天	直播搭建	1.直播盘点工作坊 2.行业"友商"经验分享 3.直播模式搭建 ……	培训 工作坊	直播盘点 定位表 选品表

第五章
设计课程内容

续表

时间	主题	内容	组织形式	成果输出
第二天	直播运营技巧	1. 直播间配置 2. 内容策划 ……	培训练习	操作手册 选题表
第三天	主播特训	1. 主播的五大能力提升 2. 直播话术 ……	培训演练	话术库 视频
第四天	主播与团队特训	1. 跟高手学带货技巧 2. KOL 营销 ……	视频教学 课堂演练	直播复盘表
第五天	不同类型直播训练	1. 娱乐直播演练（抖音） 2. 带货直播演练（App） ……	实战演练 复盘	视频 销售业绩
项目 2 周后	线上复盘会	1. 总结与复盘 2. 培训师答疑		

2020 年以来，线上培训成为很多企业的优先选择，线上课程的设计成为培训师的必修课。对于单次网课，建议按照通用课程大纲来编写；对于线上训练营，建议用训练营大纲的模板进行编写。

CHAPTER 6

|第六章|
打磨 PPT 课件

　　完成课程设计后，培训师便要把所有的想法变成课件，以辅助教学。PPT 是最常用的辅助教学工具之一，既然是辅助教学的工具，那我们就一定要意识到，我们不能将需要讲的每一个知识点、要做的每一个练习、每一个授课步骤全部体现在 PPT 上，这样做只会使我们全程被 PPT 牵着鼻子走，反而忽视了最重要的学员。有不少培训师为了克服紧张，"催眠"自己把观众当作土豆，只顾自己的"表演"，这是不可取的。只有与学员用心沟通，才能有效地传递知识和技能，否则培训师就只是台复读机而已。

　　我们还发现一个现象：越是大咖培训师，他们的 PPT 越简单，页数也越少，为什么呢？因为所有的知识都在培训师的脑袋里，培训师可以随时根据现场的反馈选择在哪里延展，在哪里删减，而不是完全按照预先设计的 PPT 顺序来讲述。

　　将 PPT 做得精炼，离不开培训师在成长路上的修炼。

　　话说回来，作为一名新手培训师，把 PPT 做得精美一点，依然很有必要，一来可以体现自己专业负责的态度，二来可以用PPT辅助自己，以保障正常授课。

一、PPT的制作流程

要想做好PPT，我们首先要认识到培训用的PPT通常由哪些部分组成。培训用的PPT一般包括封面页、培训师介绍页、课程收益页、目录页、转场页、内容页与结束页，这样才逻辑清晰、结构完整。

1. 封面页

封面页需包含课程的标题、副标题或一两句宣传语、主讲教师、主办方、客户标识等。封面页要简洁、大气、有质感。培训师没必要自己设计封面页，只需选择一份比较好的PPT封面模板进行修改即可。模板可来源于PPT模板库，以及稿定设计、创客贴等网站。

2. 培训师介绍页

培训师介绍页主要展示培训师的个人重要信息，可罗列培训师的头衔、资质、代表课程等，展示培训师的优势与授课专业度，目的是让学员快速了解培训师，并增加学员对培训师的信任。因此，培训师应言简意赅地把自己的优势最大化地体现出来，切莫过度夸张、自卖自夸。

培训师介绍页上要不要放培训师的形象照呢？这个问题存在一定的争议。有人说培训师已经站在现场了，为什么还要放一张形象照呢？尤其是很多人的形象照比本人好看得太多，显得特别不真实。也有人说培训师介绍页上还是要放照片的，因为这样更加直观。我们的建议是，培训师介绍页上最好有照片，如果是形象照，则不要过分美颜。除了形象照，还可以放其他图片，如培训师所著图书的封面、参加行业大会的照片，以及和授课企业的渊源等，这些都是不错的选择，会比形象照更有看点。

3. 课程收益页

课程收益页主要阐述本次课程能给学员带来哪些收获或达到哪些目的。之所以需要这一页，是因为学员明确目标后会更有学习积极性。除了在 PPT 中描述本次课程的收益，也可以采用提问、小组讨论、学员撰写等方式引导学员厘清自己的学习动机与期待。课程收益页可分点描述，或用图表、思维导图等形式展现。

4. 目录页

目录页描述本次课程的主要学习内容，一般以章为单位分点罗列，让学员在正式培训前做到心中有数。

5. 转场页

在章的切换过程中可以设置转场页，使课程内容更有层次感，让学员更容易接受。最简单的转场页可以用"目录页"来实现，把目录页中的本章标题用大号字或不同颜色凸显出来，就形成既简便又美观的转场页了。

6. 内容页

内容页是 PPT 中占比最大的部分。根据授课需要，可以有文字、图片、表格、超链接、音频、视频等内容。内容页虽然没有硬性的排版要求，但出于呈现与美观的需要，所有页面的风格、字体、颜色等应尽量统一。此外，内容页切莫出现过多的文字，因为"段不如句、句不如词、词不如字、字不如表、表不如图"。

7. 结束页

结束页是 PPT 中的最后一页，通常可以表达培训师的感谢、激励或祝福。

常用的结束页还包括：

（1）名人名言。引用一句名人的话来结尾，精练有力、振聋发聩。例如，执行力相关课程结束的时候可以引用艾森豪威尔的名言：你唯一需要的就是执行力，一个行动胜过一打计划。

（2）首尾呼应。可以引用培训师开场时讲过的金句。比如，时间管理类课程结尾时可以说：管理时间，就是管理生命！就是对生命的尊重和热爱！

（3）总结提炼。可以选课程中的几个重点内容进行回顾，既能对课程做总结，又不会显得结束得过于草率。

（4）种草植入。可以把培训师其他课程的介绍放在结束页，鼓励学员不断学习，持续提升。

总之，在结束页中不能简单地用一句"再见"了事，而要设计更合理、更有价值的收尾方式，让学员"意犹未尽"。

微信公众号搜索"傅一声"，关注公众号并回复关键词：转型培训师，即可免费领取精美 PPT 模板。

二、制作 PPT 的高效工具

PPT 是个"时间黑洞"，只要愿意美化，永远都美化不完，PPT 也永远没有完美可言。为了提升 PPT 制作效率，培训师可以使用一些工具来提升工作效率。

这里将介绍 PPT 软件自带的两个功能——设计灵感（自动设计器）和 SmartArt，能够帮助培训师制作出合格的课件；再介绍三大插件神器——iSlide、PA 口袋动画和 Onekey Tools（俗称"OK 插件"），能够帮助培训师制作出更加精美的 PPT。

1. 一键排版——设计灵感

快速制作 PPT 是每一位培训师的基本功。精美的 PPT 需要精雕细琢，用一个小时制作一张幻灯片也很常见。如果培训师的课量太大，没有过多的时间和精力来精雕细琢，则可以使用 PPT 软件自带的设计灵感（如下图）这个功能进行快速制作。该功能可帮助用户在几秒钟内自动创建专业的幻灯片。用户只需输入自己需要的文字、插入一张或多张图片、项目列表或日期列表，就可以一键排版，非

第六章
打磨 PPT 课件

常方便。

设计灵感目前仅向 Office 365 订阅者提供。很多人找不到这个功能，可能是因为自己的 Office 版本不够高，需要到官方网站购买 Office 365 才可使用（如下图）。该应用是微软公司的付费产品，俗话说，工欲善其事，必先利其器，在此建议培训师购买正版软件。

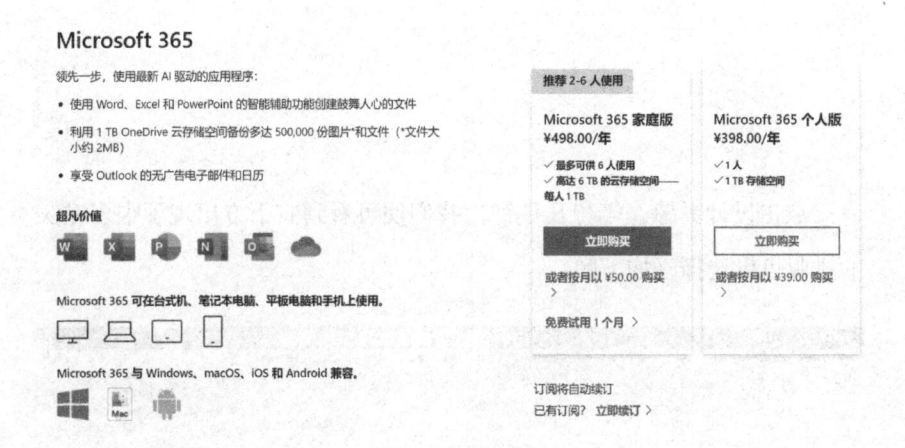

使用步骤：

（1）点击选择功能区上的设计灵感。

（2）滚动浏览窗口右侧设计灵感窗格中的建议。

（3）选择所需设计，或者关闭窗口。如果选择某个设计，幻灯片将相应地进行更改。

此外，可以从窗格中选择其他设计或返回原始幻灯片设计，按"Ctrl+Z"可撤销。

例如，我们想做一页关于"如何成为一名优秀的培训师"的幻灯片，那么我们只需要输入相应的文字（如下图）。

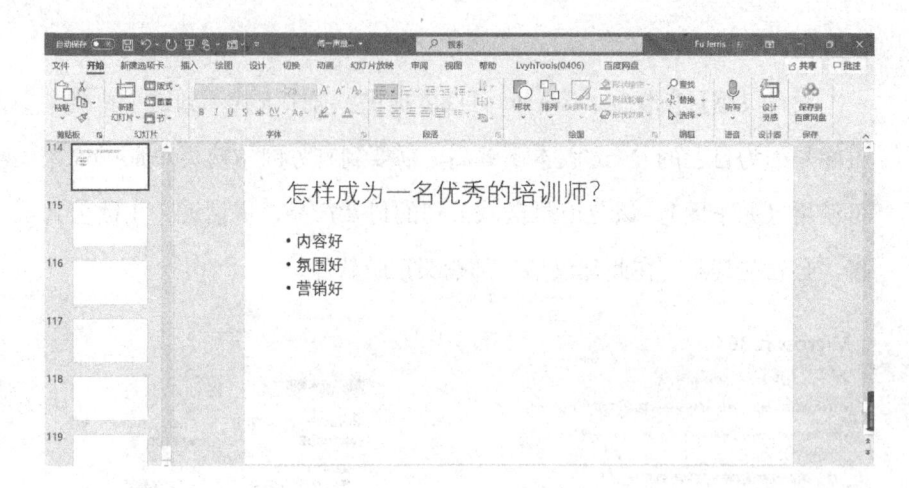

点击设计灵感，等待几秒钟，我们便可看到右下方出现了很多精美的排版可供选择（如下图）。

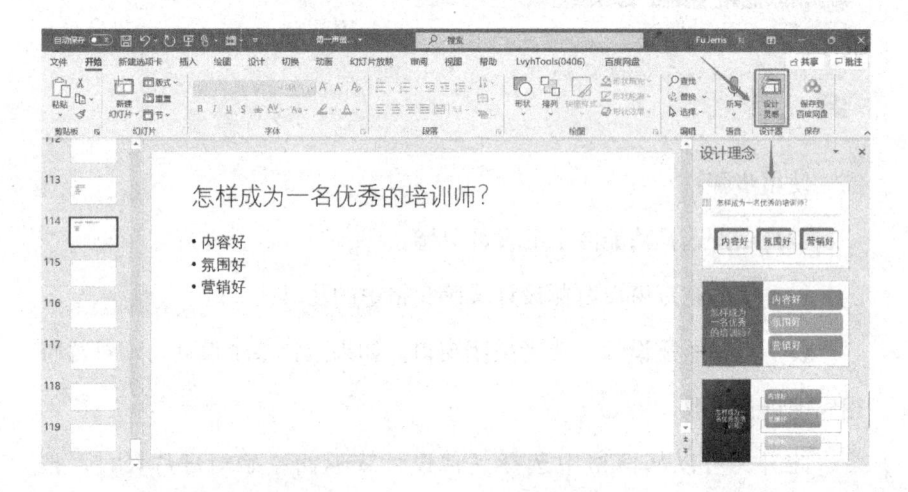

更多功能介绍：

（1）启动空白演示文稿并输入幻灯片上的文字，之后设计灵感便会推荐反映幻灯片文本的高质量照片，以及一个设计方案（如下图）。

第六章
打磨 PPT 课件

(2) 专业布局

设计灵感功能可检测幻灯片上的图片、图表或表格，并提供多种建议，帮助你使用关联性强、富有吸引力的版式（如下图）。

(3) 视觉效果更多，文本更少

幻灯片上的文本太多？设计灵感功能可以将列表、流程或日程表等文本转换为易于阅读的图形（如下图）。

项目符号列表可获取每个项目随附的图标建议。如果不喜欢建议的图标，可以进行替换（如下图）。

（4）插图

设计灵感功能可监视具有插图的关键术语和概念，并且会使用各种版式来显示这些插图。插图来自 Microsoft 365 图标库（如下图）。

2. 视觉呈现——SmartArt

SmartArt 是 PPT 软件中最常用的功能之一，用户可在 PowerPoint，Word，Excel 中使用该功能创建各种图形、图表。SmartArt 是信息和观点的视觉表示形式。用户可选择多种不同布局来创建 SmartArt，从而快速、轻松、有效地传达信息。

SmartArt 能够帮我们把逻辑关系有效地呈现出来。普通的图表工具是为了直接呈现数据，而 SmartArt 则是为了呈现文字间的逻辑关系。实际上，大家平时看到的很多优秀的 PPT 图表就是通过它制作出来的。

很多人用过它，但很多人并没有用好它。大多数新手对 SmartArt 的理解还比较浅，做出来的 PPT 也比较普通。随着 PPT 使用经验的增多，你便能逐步发现 SmartArt 的各种神奇操作。

本书介绍培训师最需要了解的关于 SmartArt 的操作。熟练掌握后，培训师就再也不需要用别人的模板了。

（1）文字的一键排版

很多培训师在制作 PPT 时，往往会先找到合适的图表模板，然后在这个模板上填充文字。这样做的好处是排版美观，但同时也有个非常大的弊端，那就是制作 PPT 的思路易被打乱，寻找模板也会浪费很多时间。然而，使用 SmartArt，只需输入文字，然后一键排版，这大大地提高了效率。

其中，文字的逻辑关系包含并列关系、递进关系、层级关系与流程关系等，对应的模板有列表、流程、循环、层次结构、关系、矩阵、棱锥图、图片等，每一类都有常见的图表模板（如下图）。

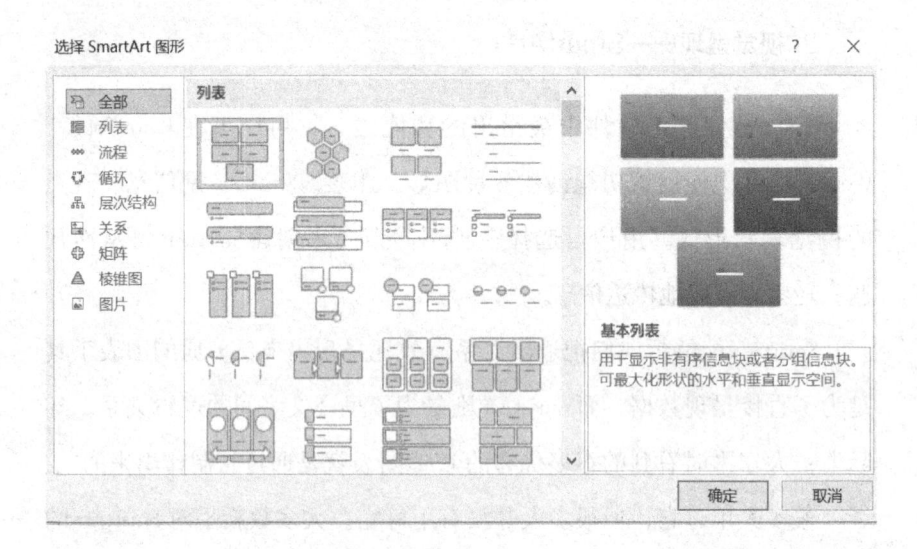

SmartArt 的具体操作非常简单：首先分行输入文字，接着将鼠标放在文本框内，点击右键，选择"转换为 SmartArt"，然后选择想要的图表模板即可（如下图）。

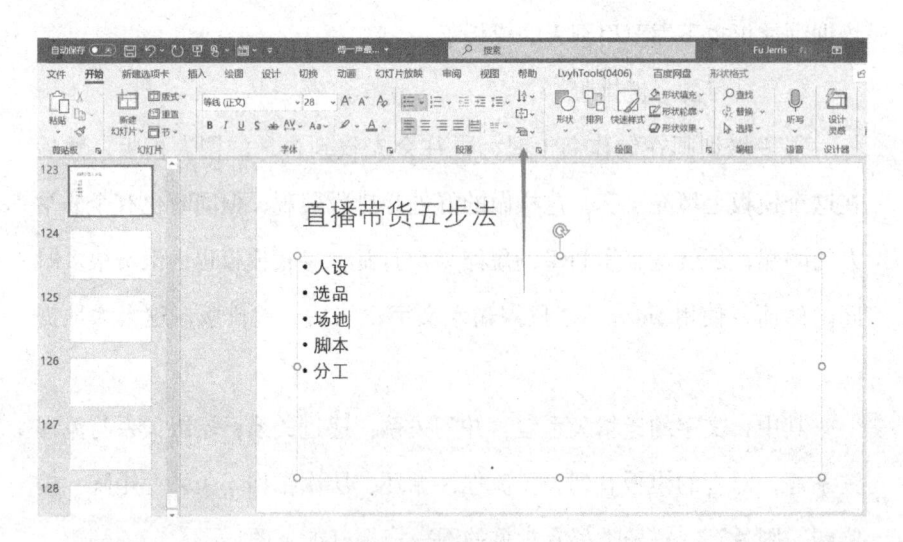

接下来你还可以自行调整图表颜色、大小等，使其更美观（如下图）。

| 第六章 |
打磨 PPT 课件

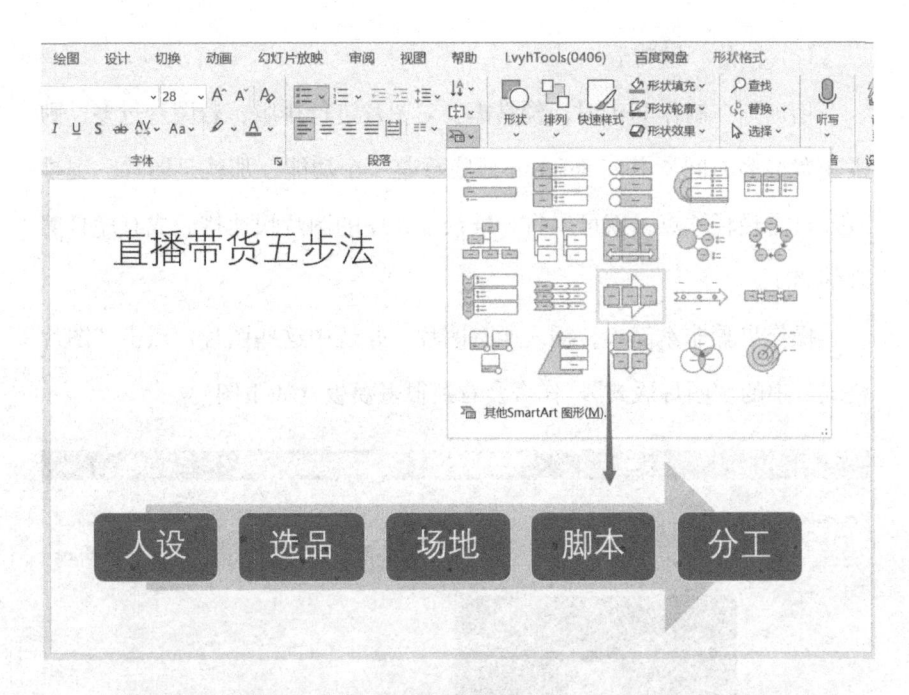

如果对当前的图表模板不满意，你还可以再次选中文本框，点击右键，选择"更改布局"，重新选择其他图表（如下图）。

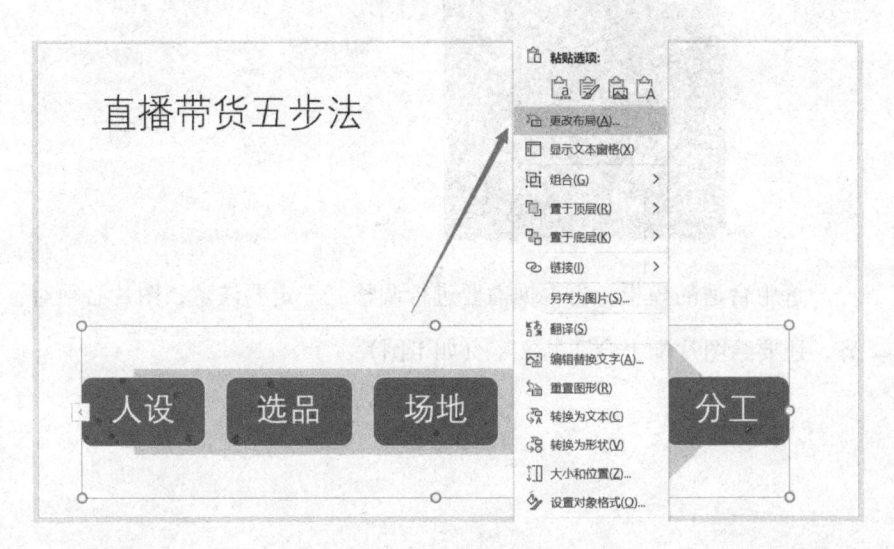

(2)图片一键排版

培训师在制作 PPT 时,经常需要对图片进行排版,若图片过多,则需花费很多时间。其实 SmartArt 还隐藏着一个功能,那就是图片一键排版。只需轻轻一点,就可以将一堆杂乱无序的图片快速排版成有序且美观的 PPT。

操作步骤非常简单。插入所有图片,并选中这些图片,点击"图片格式"中的"图片版式",你将会看到很多模板(如下图)。

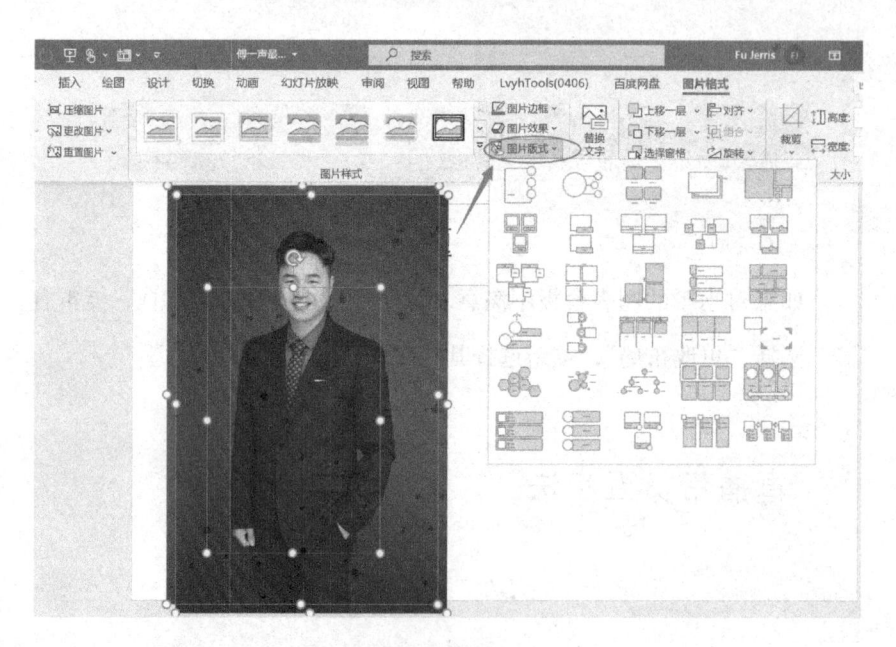

选中合适的模板,再根据需要进行调整。一定要注意,图片必须对齐,还要给图片配上合适的文字(如下图)。

| 第六章 |
打磨 PPT 课件

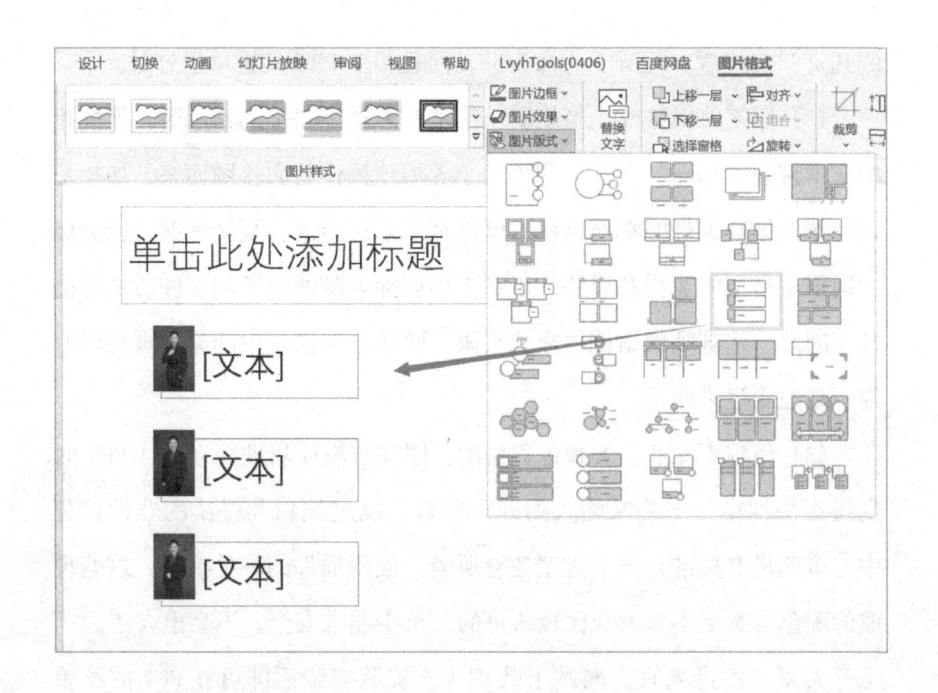

3. 全能助手——iSlide

iSlide 是一款基于 PPT 软件的插件工具，包含 38 个设计辅助功能、八大在线资源库、超 30 万个专业 PPT 模板和素材。iSlide 的口号是"让 PPT 设计简单起来"，它深受广大用户欢迎。

iSlide 能够解决制作 PPT 的各种难题，满足我们在 PPT 设计上的诸多需求。无论查找模板、图片、图标素材，还是设计配色、页面布局、智能优化，iSlide 都可以协助我们更高效地制作优质的 PPT。

iSlide 主要为培训师解决以下三大痛点：

（1）找模板太麻烦。网上 PPT 模板鱼龙混杂、设计不规范、二次编辑难度大，同时还存在素材侵权的风险。从海量的模板中找到适合自己的几页 PPT 模版，无异于大海捞针，而且很多 PPT 模板早已过时。

（2）反复编辑修改。当复制、粘贴成为制作 PPT 的常态时，无休止的文本排版、编辑、对齐、调整大小等烦琐操作就会接踵而来。如果培训师每次做新课件时都把以前的课件拿来东拼西凑、复制粘贴，就会极大地限制自己的逻辑和思路，不利于培训师大脑的思考和课件质量的提升。因此，培训师做新课件应从头做，除非之前课件中的某一页可以原封不动地搬过来使用。

（3）呈现不专业。各种色彩搭配、图文排版让培训师在设计 PPT 时变得更加纠结，最终又陷入到处找模板、反复编辑和拼凑的恶性循环中。审美没有标准，萝卜青菜各有所爱。使用插件的好处在于，这些现成的配色方案至少是大众比较认可的，至少非常安全，不会出大错。

大家只需进入官方网站下载 iSlide，安装完毕后即可在 PPT 的菜单栏中看到 iSlide 功能区。只需花点时间尝试各项功能，便可快速上手，本书对此不再赘述。

对于培训师，iSlide 工具在制作 PPT 上有几个功能非常实用，在此分享给大家。

（1）内置 30 多万个 PPT 模板和素材，而且不断更新，时刻呈现最新模板和素材（如右图）。

| 第六章 |
打磨 PPT 课件

(2) 设计工具面板。这是一个强大的功能按钮组，元素对齐、调整大小统统可一键完成，参考线布局可快速实现页面元素的高效布局，选择工具、矢量工具等常用功能一应俱全，操作简单。无论创建新文档，还是修改旧文档，这一功能都能让我们从烦琐的传统编辑中解脱出来（如下图）。

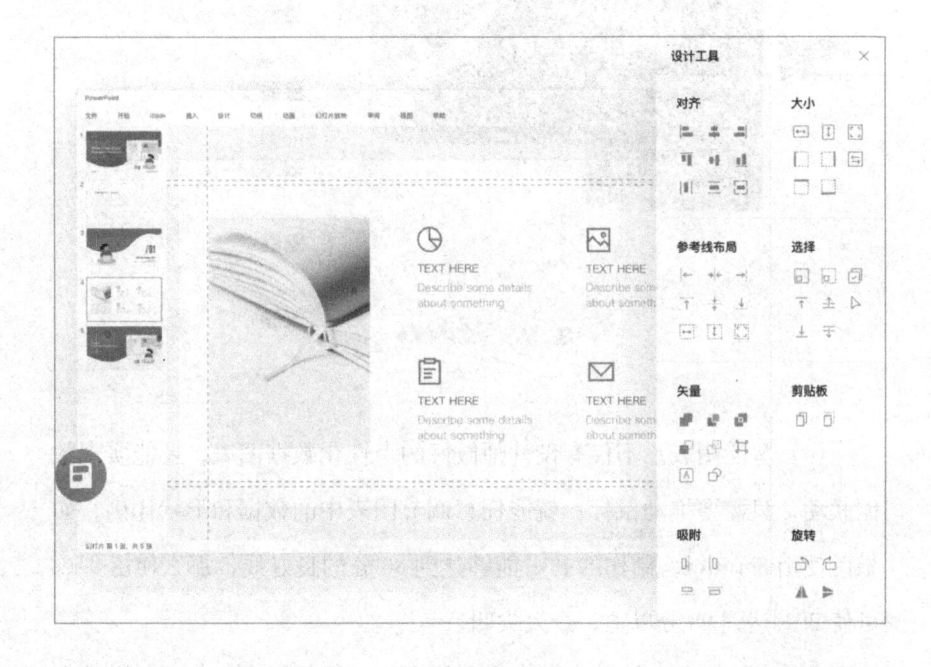

(3) 配色参考。PPT 自带的配色方案太少，iSlide 有专业的配色方案，可一键应用到全部页面（如下图）。

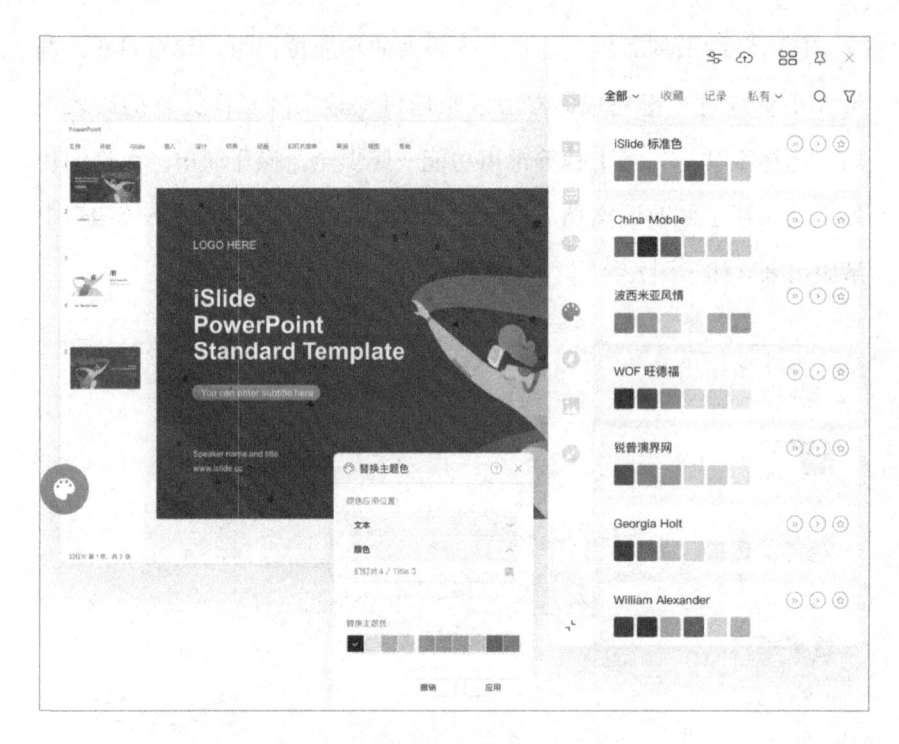

（4）智能图表。不仅有设计师做好的个性化数据图表，还能实现数据联动，只需要拖动鼠标，就能任意调节图表中的数据和形状比例。如果说使用 SmartArt，制作的 PPT 能够达到 80 分的良好线，那么使用 iSlide 可使 PPT 达到 98 分以上，令人尖叫。

（5）PPT 瘦身。如果 PPT 中有大量图片、视频等素材，则其文件大小便会增大，使用起来非常不方便，也不方便发给客户。PPT 瘦身能够一键调整文件大小，同时还有图片压缩功能，更贴心的是在选择压缩时会询问我们要优化哪些选项。

（6）其他功能，如图表编辑器、PPT 拼图、计时器等，都是对培训师来说非常实用的功能（如下图）。

| 第六章 |
打磨 PPT 课件

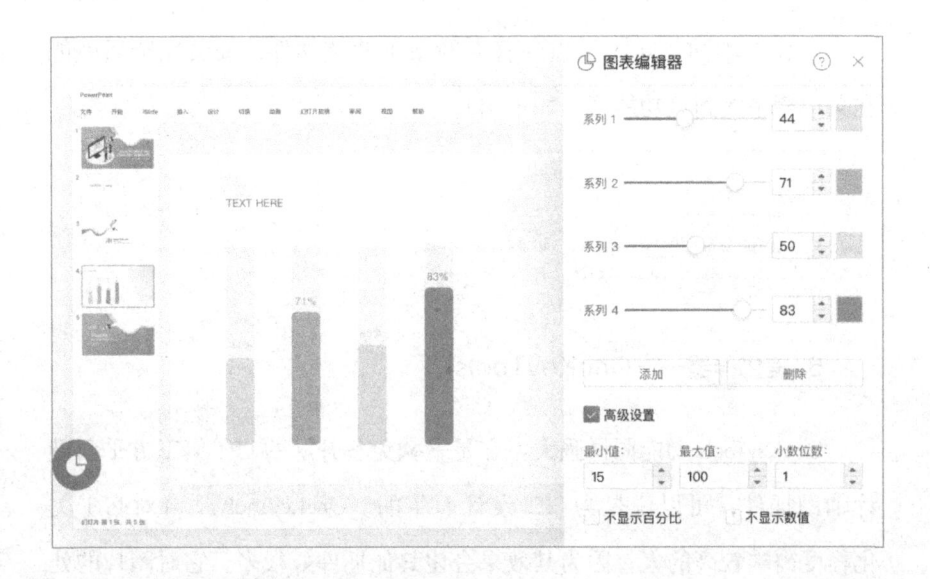

4. 酷炫动画——PA 口袋动画

如果想在 PPT 中实现一些高质量的动画效果，那么 PPT 自带的动画编辑显然无法满足要求，甚至会使制作过程极其烦琐。PA 口袋动画只要几秒钟就能让你做出超炫酷的 PPT（如下图）。

操作步骤同 iSlide，只需到官方网站下载该插件，安装完毕后就能在菜单栏中找到该功能区（如下图）。

5. 美化神器——OneKeyTools

OneKeyTools 功能同样强大，它是一款免费开源的 PPT 第三方平面设计辅助插件，可以说是为 PPT 设计而生的。OneKeyTools 适合对 PPT 美化程度需求较高的人，因为其效果会比其他插件好很多。它对图片的处理也有多种滤镜可选，如一键马赛克、图片极坐标、图片三维折叠等。

三、制作 PPT 时的十大误区及相应的解决方案

PPT 应起到锦上添花，而非雪中送炭的作用，为什么呢？因为 PPT 是培训师的辅助工具，而非内容呈现的唯一手段。因此，PPT 应以实用为核心原则，避免花里胡哨、华而不实。要真正让 PPT 为己所用，而非自己被 PPT 所桎梏。

本书列举了培训师制作 PPT 时最常见的十大误区与相应的解决方案（见表 6.1）。

第六章
打磨 PPT 课件

表 6.1 制作 PPT 时的十大误区及相应解决方案

序号	误区	解决方案
1	过于依赖 PPT。如果没有 PPT 的配合，你是否能顺利地讲下去？如果投影设备临时出现故障，你是否会手忙脚乱，甚至中止课程？你是不是很少使用白板、大白纸等教具？如果你对以上问题的回答都是"是"，那说明你对 PPT 过于依赖	首先，我们需要意识到，PPT 只是视觉化教学的呈现工具，而非焦点。要记住，培训师本人才是焦点。其次，在做课程设计时，需要充分运用不同的教学方法，如游戏、角色扮演等，避免单一呈现 PPT。最后，充分备课，将内容熟记于心，做到即使不看投影，也能知道下一页是什么
2	PPT 版本陈旧。目前人们常用的 PPT 主要来自微软公司的 Office 或金山的 WPS 软件。每款软件又有多个版本，比如，Office 有 2003 版、2007 版、2010 版、2013 版、2016 版、2019 版、Office 365 等。我们发现，很多培训师还在使用 Office 2003 版，实际上，2010 版之前的版本无论功能还是界面，都已经过时了。利用这些旧版本做 PPT 不仅缺乏美感，制作效率也同样令人崩溃	使用 Office 或者 WPS 皆可。如果选择 Office，建议培训师采用最新版本，模板更多，操作性更强，运行速度更快。如果用 WPS，建议用会员版，会员版有自带的模板库，还有一键美化功能，在电脑宕机时，还能将文件自动保存在网络云盘中，不怕资料丢失
3	文字过多。很多培训师把 PPT 当作提词器，生怕自己忘词，导致 PPT 幻灯片上铺满了密密麻麻的文字	PPT 幻灯片上的文字应以关键词为主，避免大段句子。一页内容通常不超过 6 行，每行使用短句，言简意赅。如需大段阅读，可以打印出来发给学员
4	盲目追求全图型 PPT。近年来，全图型 PPT 甚为流行，很多培训师盲目追求"一张大图+一行字"的 PPT	全图型 PPT 确实能起到视觉冲击的效果，但适用场景主要为发布会，大多数培训课堂并不适用，而且图片太多会导致 PPT 文件变大，运行变慢
5	过多钻研 PPT 动画。不少培训师以动画效果来衡量 PPT 制作水平	培训师并不需要炫酷的 PPT 动画。制作复杂的动画不仅极其费时，且容易让学员分心，关注不到重点，得不偿失。培训师只需要使用几种常用的动画效果即可
6	颜色过多或颜色搭配失误	整个 PPT 文件的主体颜色应统一，颜色尽量不超过三种。常见的颜色搭配为：红+蓝、橙+灰、黄+黑

· 115 ·

续表

序号	误区	解决方案
7	图片存在各种问题。常见的图片问题有图片不够清晰、图片上有水印、图片侵权等	图片必须选择高清大图，图片上不能有水印或敏感信息，也不能侵权。培训师需要学习图片裁剪的技术。其实，一张简单的图片可以制作出许多惊艳的效果
8	不懂排版。排版时既需要考虑实用、美感，还需要考虑制作效率。如果一张幻灯片需要花费一两个小时进行排版，那么这对培训师而言是不小的负担	PPT需要有表有里，也就是既有好的内容，又能够在视觉上令人感到舒服。PPT排版是培训师的必修课。培训师没有必要钻研排版技术（PPT培训师除外），而要善于利用工具
9	不分培训师版与学员手册。有的培训师直接将培训师版PPT制作成学员手册，导致学员对内容完全知晓，缺乏悬念与兴趣	一般来说，学员手册是培训师版PPT的精简版。有的页删减，有的信息删除留空，这样有利于引导学员，若学员什么都提前知道了，那上课还有什么意思
10	PPT风格与投影设备不匹配。这个问题源于培训师没有在授课前了解投影设备。常见的投影设备包含投影幕布、LED屏幕、演说大屏、电视显示屏等	培训师在授课前需要了解投影设备，每一种设备适用于不同的课件。由于很多企业的投影幕布使用年头较长，清晰度不高，所以PPT幻灯片上的字要尽量大一些。LED屏幕很清晰，小字也能看清，但是，LED屏幕比较亮，所以PPT最好采用深色背景，以缓解观看者的视觉疲劳。演说大屏则适合全图型PPT，只展现重点句子即可。电视显示屏较小，要求PPT风格简约、字体较大

| 氛围篇 |

打造精彩的课堂呈现

CHAPTER 7

|第七章|
精彩呈现的四项修炼

一、巧用教具

好的课堂呈现需要借助教具，最基本的包括电脑、话筒、翻页笔和白板，有了这四大件，就算没有 PPT 也能正常讲课。

1. 电脑

电脑在这里是指笔记本电脑，培训师最好自备一台，能不用培训现场的电脑就尽量不用，原因有三：

第一，PPT 的格式易出错。首先，WPS 和微软的 Office 软件有时会不兼容；其次，现场的电脑可能会因缺少字体而使字体变形；再次，PPT 里的音视频链接也容易出错。

第二，资料容易外泄。培训师的 PPT 往往是花了很多心血制作的，里面有很多涉及版权的内容，因此要注意自我保护。

第三，容易"中毒"。万一客户提供的电脑有病毒，U 盘插进去，

第七章
精彩呈现的四项修炼

资料很可能就全没了（建议提前做好备份）。

因此，尽量用自带的电脑，往返课堂的路上还能随时修改课件。那么，用自己的电脑有哪些需要注意的呢？

首先，要选择轻便、小巧的电脑。毕竟培训师要到处跑，太重的电脑不利于携带。

其次，要选择续航能力强一些的电脑，不插电至少能用三小时的。万一停电或充电器出现故障，也能顶一段时间。

再次，如果电脑没有自带视频接口，那么要提前准备转接头，而且两个头都要准备——高清 HDMI 接口和 VGA 老接口，因为我们不知道授课现场的连接线是哪种。要尽量购买原装转接头，甚至可以准备两个，以备不时之需。

最后，可以请客户再准备一台电脑，以防自己的电脑出问题，并提前去场地测试设备。

2. 话筒

话筒是培训师声音的延伸，也是保护培训师嗓子的工具。话筒有很多种，常见的有四种：无线手持式、有线手持式、台式、耳挂式（"小蜜蜂"）。

无线手持式话筒是最普遍的话筒，使用时有几点需要注意。

第一，手持话筒的中下端。拿话筒的时候要轻轻握住，而不是死拽着，正确的方式是大拇指顶住握把的后端，其余四个手指轻轻扣住朝外部分，用一个词形容就是"盈盈一握"。

第二，开关朝内。有些话筒开关在握把上，那么要尽量使开关一侧对着虎口，首先是美观，其实是方便开关，也方便看到电量（有些话筒有电量指示灯）和随时更换电池。

第三，45°角对嘴。手持话筒最好的姿势不是90°横握，也不是竖着拿，而是45°角对嘴。

第四，离嘴至少半拳。离开嘴至少半拳的距离，一方面可以让学员看到你的嘴，另一方面可以防止"喷麦"。

第五，备份电池。如果是充电型话筒，那就多准备几个话筒。如果是电池型话筒，就多备几节电池，一般建议培训师的"百宝箱"里常备两节五号干电池，这是无线手持式话筒使用最普遍的电池型号。

有线手持式话筒除了不需要准备电池，其他注意事项和无线手持式话筒一样。

有些场地只有台式话筒，这就比较麻烦了，因为培训师通常都是站着讲课的，而台式话筒不方便手持。培训师可提前向主办方提出要求，准备好手持式话筒。如果实在没有，那就只能端着台式话筒讲课了。

耳挂式话筒也叫"小蜜蜂"，建议常年在外讲课的培训师自备一个，它的好处是可以把培训师的双手解放出来，尤其是对于需要在课程中进行体验式互动和讲解的培训师而言，"小蜜蜂"是首选。万一现场没有话筒或出现停电等情况，有"小蜜蜂"，培训师仍能继续讲课。

3. 翻页笔

翻页笔也是培训师应随身携带的教具，它是控制PPT播放的遥控器，有些翻页笔还有控制电脑播放PPT等功能，也可以作为激光笔来指示屏幕上的重要内容。

值得注意的是,普通翻页笔的 USB 连接头容易遗失,一旦遗失了,翻页笔就无法正常工作了,因此建议培训师自备蓝牙式翻页笔。此外,如果真的发生意外状况,培训师还可以使用无线鼠标来临时救场。

4. 白板

白板是培训师进行课程说明的延伸手段,就像学校里教师最早用黑板写板书授课一样。现在,因为有了投影设备,白板的作用被弱化了,但还是有很多优秀的培训师喜欢用白板。这是因为白板可随写随擦,方便对图像或具体数据进行补充和呈现。培训师无法自行携带白板,因此需要提前告知主办方准备好。如果实在没有白板,则可以用 PPT 来弥补。

写板书有三点要注意。

第一,字体大而简约。板书字体必须大一些,否则坐在后排的学员看不见。

第二,严禁"屁股站位"。培训师要习惯侧方位书写,而不要完全背对着学员,这样既方便学员看板书,也表现出了对学员的尊重。

第三,课前检查白板笔。首先要提前准备至少两支不同颜色的白板笔,注意别选用马克笔,因为用马克笔在白板上写的字很难擦掉。其次要在课前测试一下白板笔的书写是否有问题。

小知识:

如果你错把马克笔当成白板笔书写了,但一时又找不到酒精擦拭,该怎么办呢?

教你一个小妙招,找来白板笔在马克笔的笔迹上描一遍,再使用白板擦就能擦掉了。

二、发声技巧

曹老师在圈内有"累不死的曹大嘴"之称，他保持着连续讲课27天的纪录。私下有人问曹老师，讲这么长时间的课，嗓子不会哑吗？当然不会，嗓子可是培训师最主要的"武器"，一旦出现问题，下一堂课可怎么办呢？

要问曹老师有什么秘诀，那就是<u>"晨起七练"</u>，这是职业培训师每天早起必做的功课之一。

"晨起七练"包括七小节操：开口操、口部操、吐丝法、狗喘气、共鸣腔、阿毛操和绕口令。它们分别训练发声的四个方面：<u>丹田气息、唇舌肌肉、共鸣腔与口齿的清晰度</u>。具体操作流程如下。

1. 开口操

做开口操的目的是放松和拉伸脸部与口腔的肌肉。

第一步，人站直，两脚与肩同宽，身体放松。这是整个"晨起七练"的"起手式"，因为七节操都需要用到丹田气，所以必须全程挺直身体，同时让身体处于完全放松的状态，这样才有利于气息的流动。

第二步，搓脸热身。做操前要热身，使脸部肌肉放松。用手掌上下搓脸，搓10下左右就可以了。然后用手指从额头到下巴轻轻地拍打，让脸部肌肉完全放松。

第三步，手托下巴，嘴巴向上打开，喊"啊"。这一步是开口操的

第七章
精彩呈现的四项修炼

关键,用来拉伸口腔的肌肉,并打开上下颚。声音不宜过大,做10次即可。

2. 口部操

做口部操的目的是练习嘴唇及两侧肌肉的力量和舌头的力量。

第一步,喊"五爷"。先将嘴唇用力噘紧,喊出"五"这个音,然后把嘴巴尽量咧开,喊出"爷"这个音,连续做10次以上。与练习手臂肌肉一样,收缩和拉伸可以让嘴唇的肌肉更有力量。

第二步,左右努嘴。把嘴唇噘紧,先尽力往左边努,再尽力往右边努,左右匀速各努10次,这同样也是为了练习嘴唇及两侧的肌肉力量。

第三步,顺逆转舌。将舌尖抵在牙齿和嘴唇之间,顺时针转动舌头10次,再逆时针转动10次,就如用舌头刷牙一般,这是在练习舌头的力量,有利于吐字清晰。

3. 吐丝法

吐丝法非常重要,主要用于练习丹田之气,即所谓的"腹式发声法"。为什么很多人讲课时间长了会觉得累,而且声音缺乏力度?就是因为他没有学会"腹式发声法",而腹式发声靠的就是丹田之气。

第一步,气沉丹田。先深吸一口气,气沉丹田。很多人找不到丹田部位,中医讲丹田就在"脐下三指",其实只要找到小肚子就可以了。然后用力吸气,让小肚子缓缓鼓起。不仅肚子要鼓起来,腰部也要鼓起,感觉整个肚子就像一个皮球一样随着吸气而慢慢变大。没有练习过发声技巧的人在吸气时只会让胸腔鼓起,却很难让小腹鼓起,练习这一步时不能着急，得通过反复练习找感觉。

第二步，缓慢吐"丝"。吸气之后要憋一会儿，然后从牙缝里缓缓发出"丝"的音，在慢慢吐气的过程中，小腹依然是鼓起的（一开始很难做到吐气时小腹同时鼓胀，通过一两个月的练习一般可以做到，千万不要着急），连续吐"丝"10次以上即可。

4. 狗喘气

狗喘气是专业歌手练习气息时常用的技巧，主要锻炼丹田气息，经常练习可以增加声音的力量。

练习的方法是嘴巴微张，先让气息沉入丹田，然后快速吐出，就好像小狗在喘气的样子。

最好在练习一段时间吐丝法后小腹有力量了再开始练习狗喘气，刚开始可以用"嘿哈法"来代替，即用丹田气连续喊出"嘿"和"哈"，声音要洪亮，用爆发力喊出来。

5. 共鸣腔

共鸣腔指身体中起共鸣器作用的声腔。人体内的共鸣腔主要有三个：口腔、头腔和胸腔。讲课用得最多的是口腔。如何寻找共鸣腔？可以假装打哈欠，在上下颚全部撑开的时候，口部和头部的共鸣腔就全都打开了。

优秀的歌手唱歌讲究口腔、头腔和胸腔一起发声，称为"三腔共鸣"。培训师也要学习运用三腔共鸣。如果运用得当，声音不仅更好听，还更有穿透力。

| 第七章 |
精彩呈现的四项修炼

共鸣腔的练习方法分为三步：

第一步，嘴巴微张，呈扁口状，从低到高，再从高到低发"咦、咦、咦、咦、咦、咦"这六个音。

第二步，嘴巴打开，呈打哈欠状，同样从低到高，再从高到低发"啊、啊、啊、啊、啊、啊"这六个音。

第三步，发以上两步的音，使音由低慢慢往高爬。

6. 阿毛操

阿毛操又称"阿毛远近法"，可以同时练习丹田气息和共鸣腔。喊4次"阿毛"，由近到远，第一声比较轻，然后逐渐拉高音量，最后一声的气息要从腰腹部往上走，打开共鸣腔大声吼出去。

最后一声要尽量拖久一点，找到"隔山喊人"的感觉，如同你站在一座山的山顶上，对着另一个山顶上的人大声喊话，要使声音传送得很远才行。

练习阿毛操有点像练"狮子吼"。如果授课现场没有话筒，学员又比较多，那么"狮子吼"就能派上用场了。

7. 绕口令

绕口令又称"急口令""吃口令""拗口令"等，是中国民间语言游戏，将声母、韵母或声调极易混的字，组成反复、重叠、绕口、拗口的句子，要求一口气急速念出，以提高唇、齿、舌在发音时的配合度。

培训师为什么要练绕口令呢？好处有三个：让嘴部肌肉灵活有力，让普通话更加标准，让气息更加绵长。

几乎每一段经典绕口令练习的目的和部位都是不一样的,这里推荐的四则绕口令——《八百标兵》《扁担与板凳》《化肥会挥发》和《打枣》所练习的目的和部位也各有不同:第一则主要练爆破音;第二则练嘴部肌肉的力量;第三则练普通话,尤其适合来自"花""发"和"灰""飞"等口音不分的区域的朋友;第四则需要一口气念完,主要训练气息的持久度。

(1)《八百标兵》

八百标兵奔北坡,炮兵并排北边跑;

炮兵怕把标兵碰,标兵怕碰炮兵炮。

升级版:

八了百了标了兵了奔了北了坡,

炮了兵了并了排了北了边了跑;

炮了兵了怕了把了标了兵了碰,

标了兵了怕了碰了炮了兵了炮。

(2)《扁担与板凳》

扁担长,板凳宽;

扁担没有板凳宽,板凳没有扁担长;

扁担绑在板凳上,板凳不让扁担绑在板凳上,扁担偏要扁担绑在板凳上!

(3)《化肥会挥发》

黑化肥发灰,灰化肥发黑。

黑化肥发灰会挥发,灰化肥挥发会发黑。

黑化肥挥发发灰会花飞,灰化肥挥发发黑会飞花。

(4)《打枣》

出东门，过大桥，大桥底下一树枣。

拿着竿子去打枣，青的多，红的少。

一个枣、两个枣、三个枣、四个枣、五个枣、六个枣、七个枣、八个枣、九个枣、十个枣；十个枣、九个枣、八个枣、七个枣、六个枣、五个枣、四个枣、三个枣、两个枣、一个枣。

这是一则绕口令，一气儿说完才最好！

这里有几个注意事项。

第一，不求快。一开始必须慢，先把每个字的音咬准了。培训师上台授课和相声演员表演还是有区别的，培训师说话速度不宜过快，否则学员跟不上，听起来也比较累，所以绕口令练习也不用念太快。

第二，求力量。培训师练习绕口令，主要是练习嘴部肌肉的力量，所以练习时要用力，尤其嘴唇必须用力。

第三，不贪多。一开始不用念很多，挑一两则反复练习就够了。早上可以一边给自己做早餐，一边练习绕口令。

以上就是"晨起七练"的全部内容，初学者会觉得每天早上起来要练这么多，有些担心坚持不下来，那么我们给初学者的建议是先练习"晨起三练"——开口操、吐丝法、绕口令，贵在坚持，然后循序渐进，逐渐加大难度，半年或一年之后再逐渐增加到"晨起七练"。

微信公众号搜索"傅一声"，关注公众号并回复关键词：转型培训师，即可免费领取"晨起七练"的训练清单和带练视频。

三、语言表达

通过"晨起七练"练习发声技巧只是语言表达的一部分，想要更完美地演绎，还需要具备另外三个条件：标准的普通话、稳稳的节奏感和丰富的肢体语言。

1. 标准的普通话

作为一名培训师，传播信息的主要途径就是语言表达。培训师的普通话虽然不需要像职业播音员那么标准，但至少得让大家能听懂，并且听起来不累。

那么如何才能练就一口标准的普通话呢？方法有三。

第一，跟随央视新闻播报一起念。这是最简单、最快捷的方式。可以每天早上一边看新闻，一边跟着念，进步会很快。

第二，念绕口令。念绕口令不仅能锻炼嘴部肌肉，还能练习普通话发音，尤其是一些专门用来练习声韵母发音的绕口令，比如：

声韵母绕口令练习
学好声韵辨四声，阴阳上去要分明，
部位方法须找准，开齐合撮属口形。
双唇班抱必百波，抵舌当地斗点钉，
舌根高狗工耕故，舌面积结教坚精，
翘舌主争真知照，平舌资则早在增。

第七章
精彩呈现的四项修炼

擦音发翻飞分复，送气查柴产彻称。
合口呼午枯胡古，开口河坡歌安争。
撮口虚学寻徐剧，齐齿衣优摇业英。
前鼻恩音烟弯稳，后鼻昂迎中拥生。
咬紧字头归字尾，阴阳上去记变声。
循序渐进坚持练，不难达到纯和清。

第三，参加普通话水平测试。要想让普通话足够标准，最直接的方式就是考级。国家语言文字工作委员会颁布的《普通话水平测试等级标准（试行）》，将普通话分为三个级别、六个等级，从高到低分别为一级甲等、一级乙等、二级甲等、二级乙等、三级甲等、三级乙等。培训师的普通话等级最好不要低于二级甲等。

2. 稳稳的节奏感

要想把一门课讲好，还得懂一些表演艺术。培训师缺乏节奏感，就抓不住学员的心，尤其是在讲案例和说故事的时候，更要懂得吸引学员的注意力。

如何才能练就稳稳的节奏感呢？我们通常通过诗歌朗诵来练习。

诗歌朗诵一方面能练习普通话发音，另一方面能让我们很好地领会什么是抑扬顿挫的节奏感，此外还可以练习情感的注入，比如朗诵《乡愁》这首诗。

《乡愁》

作者：余光中

小时候

乡愁是一枚小小的邮票（停顿）

我在这头母亲在那头（停顿）

长大后

乡愁是一张窄窄的船票

我在这头新娘在那头

后来啊

乡愁是一方矮矮的坟墓

我在外头母亲在里头

而现在

乡愁是一湾浅浅的海峡

我在这头大陆在那头

【要点】

在朗诵《乡愁》的时候，要把握三个重点：停顿、起伏、情绪。

停顿是每一小段一小停，每一大段一大停。

起伏是高低起落，也叫抑扬顿挫，比如"母亲在里头"这句，必须轻轻地念，一方面表示哀痛，另一方面也是怕吵到坟墓里的逝者，而在朗诵最后一句"大陆在那头"时，声音必须高亢绵长，表示期待早日回归祖国。

| 第七章 |
精彩呈现的四项修炼

情绪在这首诗歌里有四个变化：小时候的心境是活泼和愉悦的，所以声音可以略轻松；长大后与新娘成亲，那就是很高兴的情绪了；后来母亲去世，情绪急转直下，变得比较悲伤；现在，期待早日回归，情绪是比较高亢的。

培训师可以经常朗诵这首诗歌，体会停顿、起伏和情绪的运用，熟练之后讲起课来就游刃有余了。

《挫折让我成长》

作者：曹恒山

挫折让我成长；

失败，让我发现自身的不足；

难，才显示出我的价值；

痛苦，说明我依然还活着；

失去，才会珍惜拥有的美好；

逆境，能够磨炼出我强大的内心；

面对恐惧才会让我变得——无所畏惧！

【要点】

这首诗比较有激情，可以配合心态培养和激励类课程使用。因为要用来激励学员坦然面对挫折，使他们拥有勇敢无畏的精神，所以朗诵时情绪必须饱满，语调要铿锵有力，不然就会让人觉得绵软乏力，起不到励志的作用。

四、肢体表达

心理学中有一个著名的麦拉宾法则，也叫"55387 定律"，是心理学教授艾伯特·麦拉宾（Albert Mehrabian）在 20 世纪 70 年代经过为期 10 年的研究得出的结论。

麦拉宾法则表明：人们对一个人的印象，55%来自肢体语言，38%来自语调，而只有 7%来自内容。

具体运用到培训课堂中则是：55% 的信息通过视觉传达给学员，如手势、表情、着装、肢体语言、仪态等；38% 的信息通过听觉传达，如语音、语调、情绪等；剩下只有 7% 来自纯粹的语言内容表达。由此可见，培训师的肢体表达多么重要。我们一起看看如何通过肢体语言来增加表达的魅力。

肢体表达有以下几个好处。

第一，加强语气。比如，同样是给学员鼓劲，如果加上挥拳动作，就会更有力量，而且能增加语言的说服力。几乎所有成功的企业家在演讲的时候都善于运用肢体动作来增加语言的力量。

第二，给语言润色。比如，培训师在讲故事时配合肢体动作，能让故事更加生动形象。

第三，吸引学员的注意力。如果一位培训师不善于肢体表达，始终站在某一个区域，不带表情地讲课，那么学员很容易进入昏昏欲睡的状态，但如果培训师不时变换肢体动作，就能吸引学员的注意力，使其更加认真听讲。

第七章
精彩呈现的四项修炼

培训师授课时常用的肢体动作有三个。

第一个，手臂上扬。四指并拢，单手或双手手臂展开，由腰腹发力，带动大臂，再带动小臂向前上方扬起。手臂上扬时幅度不易过大，以手指略超过头为准。

第二个，手臂前挥。四指并拢，单手或双手向身体前方挥出。

第三个，曲臂向下。单手或双手握拳曲臂，拳头朝上，手肘用力下沉，做出加油的动作。

除加入手臂动作外，培训师也可以通过在讲台区小范围地走动来吸引学员的注意力。学员一直盯着一个区域看，会产生视觉疲劳。培训师可以通过不断变换站立区域来吸引学员关注。要注意的是，走动不能过于频繁，尤其不能因为想吸引学员关注而不断晃动身体。

还有一个重要的视觉工具，那就是**面部表情**。优秀的培训师好比出色的演员，能够根据课程需要不断调整自己的表情，需要严肃时就严肃，需要活泼时就微笑，讲故事时也能通过表情变化来配合内容的呈现。

总之，授课的过程就是表演的过程，要合理运用肢体动作、语音语调和面部表情来让你的演绎更加活灵活现，让学员始终关注课程内容，提升课堂整体效果。

CHAPTER 8

| 第八章 |
完美演绎的三个节点

一、赢在开场

卡耐基曾说过:"好的开场等于演讲成功了一半。"

精彩的开场能迅速吸引学员的注意力,让学员尽快投入学习中。如果开场不好,学员就会对课程失去兴趣,即使人坐在课堂里,心也早已飞走了,再想把他们吸引回来便难上加难了。

培训师在课堂上还有一个隐形的竞争对手——手机。想让学员放下手机看你,开场就是第一战!

(一)克服紧张

怯场是很多新手培训师的第一大难题,曹老师到现在还记得自己初次登台时两腿发抖、冷汗直冒的情景,经历了五六年的磨砺,曹老师才逐渐摆脱怯场这个魔咒。

第八章
完美演绎的三个节点

如何有效克服紧张呢？这里分享几个非常实用的方法。

1. 自我暗示法

当年，曹老师通过朋友推荐承接了一家保险公司全年的销售培训任务，每次培训前他都很焦虑，担心学员不喜欢自己的课程，担心有人对自己的课程内容提出质疑，以及不知道如何让比自己年龄大的学员好好听自己讲课。于是他越想越紧张。

有一次，为了让自己放松，曹老师在开车去上课的路上打开了收音机，巧了，刚好听到主持人在谈论如何放松。只听主持人说到，上场前要想象听众都迫切地想听到你的声音，他们都准备给你鼓掌，他们都很喜欢你，然后暗示自己迫不及待地要给大家分享。听到这里，曹老师眼前一亮，便开始按照主持人说的，暗示自己已经迫不及待地要给学员讲课了。果然，他登上讲台后非但没有紧张，反而还很兴奋，从此之后，曹老师上台讲课再也不害怕了。

这就是催眠技巧中的自我暗示法，即不断对自己的潜意识进行积极暗示，从害怕到喜欢，从胆怯到期待，让自己迅速放松。

2. 呼吸放松法

呼吸放松法又称"345法则"，是一种放松身体的小技巧。具体操作如下：

第一步，吸气3秒。用鼻子深吸一口气，吸气要深、要慢，持续3秒，心里默数1、2、3；

第二步，憋气4秒。不要马上吐气，把气憋在肚子里4秒，默念1、

2、3、4；

第三步，吐气5秒。花5秒时间用嘴巴慢慢把气吐出来。

重复以上三步：吸气3秒，憋气4秒，吐气5秒。做2~3次，你的身体就会放松下来，情绪也会稳定下来。

3. 听轻音乐

用耳机听一会儿舒缓的轻音乐，最好采用全包围的挂式耳机，同时把眼睛闭起来，这样可以让自己快速放松下来。在一些国际大赛中，我们常看到运动员戴着头戴式耳机出场，其实他们这么做就是为了让自己尽快放松下来，以取得好的成绩。

4. 充分准备

假设你参加一场培训课的学习，培训师突然走到你面前，把话筒硬塞给你，让你上台讲话，你会怎么做？是不是会立刻心跳加速，头脑一片空白，即便开口也是结结巴巴、语无伦次的？但如果培训师提前一天告诉你，开场的时候会请你上台讲话，让你提前做好准备，你是不是就不会那么紧张和害怕了？至少你不会紧张得连话都说不出来，这是因为你已经提前做足了功课。所以说，我们害怕的都是未知的，让自己开场不紧张的一个好方法，就是提前做好最充分的准备。

5. 保持自信

《享受拒绝》中记载着一个关于自信的小故事。珍妮是个总爱低着头的小女孩，她一直觉得自己长得不够漂亮。有一天，她到饰品店买了

| 第八章 |
完美演绎的三个节点

一个她一直想拥有的粉色蝴蝶结,店主不断地赞美她:"小姑娘,你戴上蝴蝶结以后可真漂亮啊!"珍妮听了这句话非常高兴。她高高地昂起了头,想给大家展示自己漂亮的蝴蝶结。由于急于让大家看到自己漂亮的模样,在走出店门时,珍妮一不小心与进店的客人撞了一下,但她毫不在意,匆忙向学校跑去。

珍妮走进教室,迎面碰上了她的老师。"珍妮,你这样真美!"老师爱抚地拍拍她的肩膀说。珍妮听了越发高兴,不时晃动着脑袋。

下课铃响了,她又高高地昂起了头,在走廊里走来走去,以展示自己漂亮的蝴蝶结。"哇!珍妮,今天你真美啊!"那一天,她得到了很多人的赞美。

珍妮开开心心地回家了,她想:"可爱的蝴蝶结,你给我带来了美丽,我真是太喜欢你了!"于是,她来到镜子前想要看看自己美丽的样子。咦?头上的蝴蝶结哪儿去了?她很奇怪。这时她才回想起自己走出饰品店时跟别人撞了一下,一定是那时弄丢的。

珍妮恍然大悟,原来不是因为蝴蝶结,而是因为自己昂起了头,是因为自信,自己才变美丽的!

所以,自信心强了,也就不会害怕了,你的小脑袋也会昂得更高。

6. 上台,上台,再上台

上台 10 次和上台 100 次的感觉是完全不一样的,经历多了,经验足了,也就不再害怕了。所以,最简单也最有效的方法就是,<u>抓住每一次上台的机会</u>,让自己游刃有余、轻松面对。

(二) 六个破冰技巧

开场前还有一个环节,叫"破冰",也可以叫"暖场"。

如果培训师的控场能力较弱,一开始就很容易出现冷场,学员不愿意互动,培训师讲课也很难进入状态。为了让学员提前进入放松的状态,快速投入学习,培训师可以使用六个破冰技巧。

1. 聊天

培训师可以提前几分钟到达培训场地,跟大家聊聊天气、时事新闻等。如果学员是年轻人,就聊聊网络上刚刚发生的有趣的事;如果是年纪较大的学员,就聊聊健康生活等话题。有一点要注意,那就是培训师必须走下讲台,来到学员身边聊,与学员尽可能地拉近距离。

2. 健康生活小技巧

如果台下学员年龄偏大,培训师可以分享一些健康生活小技巧,如如何应对颈椎病和失眠等问题。如果台下女士比较多,则可以分享一些健身、瘦身的小技巧。

3. 做操

带领学员做操也是培训师的基本功之一,一套操做下来,课堂氛围会立即好很多。哪些操适合在课堂上做呢?以前,很多培训师会做一些经典的操;如今,培训师带学员跳跳当下热门的流行舞蹈也是不错的选择,如跳海草舞等。不过,培训师要注意学员是否适合做操。保险从业者、门店销售团队、直销团队就很喜欢做操，而有些行业的从业人员比较拘谨，"包袱"较重，则不建议一开始就做操，否则学员不仅会感到不舒服，还会觉得培训师不严肃。

4. 做游戏

游戏不仅能让学员放松下来，还能让学员之间进行更好的交流，彼此更了解。

最常用的破冰暖场游戏就是分组之后的竞赛游戏，通过游戏看看哪个小组更具风采。这样的游戏最早始于拓展类培训，这些年也逐渐引入内训课程中，特别是一些激励类的课程中。这样的游戏适合给保险从业者、金融团队、直销团队、微商团队做的培训，但几年下来，这样的开场方式用多了，学员也会麻痹，会觉得很浪费时间。如果学员大多很年轻，没有经历过多少培训，那么这样的开场方式还是比较适合的。

猜拳夺宝游戏是培训中常见的开场游戏之一，即让大家站起来找自己身边最近的人猜拳，输的人就坐下来并失去了挑战的机会，赢的人继续找下一个依然站着的学员猜拳，直到最后只剩下一个人，他就是获胜者，就可以获得奖品。奖品可以是培训师自己出版的图书，也可以是与课程内容相关的物品，如培训大礼包，还可以是优盘、鼠标、充电宝等物品。

5. 幽默笑话

开场前讲个笑话，让学员开怀一笑，学员会随着笑声放松下来，这也拉近了学员与培训师的距离。近年来脱口秀很火，培训师可以选择在上课前讲一段与课程主题相关的脱口秀，让学员在笑声中快速破冰。开场前的破冰可以由培训师自己做，也可以由主持人或助教来完成。

（三）开场流程与技巧

1. 问候

问候有多种方式，这里介绍几个常用的问候话术。

"女士们，先生们，大家早上好！"

"××企业精英团队的成员们，大家晚上好！"

"在场的各位领导、各位同事，大家上午好！"

"培训班的各位优秀学员们，大家好！"

开场问候要注意以下三点：

（1）身体笔直。站直身体说话，一方面可体现自信，另一方面可使声音更加洪亮。

（2）目视全场。上台后要扫视学员，与大家保持眼神交流，这样很有亲切感。

（3）大声问候。开场要高亢有力、震撼全场，给人留下自信满满的印象，以得到学员的积极回应。

2. "5W1H"开场流程

问候结束后就要正式开场了，完整的开场分为六个部分，称为"5W1H"。

（1）我是谁（Who）——做自我介绍，告诉大家培训师是谁。

第八章
完美演绎的三个节点

（2）为什么要听我讲（Why）——介绍培训师的相关背景和履历，让学员产生信赖感。

（3）课程主题是什么（What）——介绍课程主题和主要内容。

（4）将如何讲（How）——介绍课程大纲和教学方法。

（5）学员将有什么收获（What）——介绍课程收益，明确本次课程可以帮学员解决哪些问题，学员会有哪些回报。

（6）何时结束（When）——介绍课程结束的时间及休息的时间。培训师要严格按照时间授课，尽量不要拖堂。

上面的自我介绍部分至关重要，在此详细阐述。一个精彩的自我介绍可以让学员对培训师刮目相看，从而重视本次培训。精彩的自我介绍包括三部分：**名称、背景、成就。**

（1）名称

名称包括两部分：姓名和标签。

姓名包括培训师的真实姓名，以及外号和外号的由来。比如，曹老师有个外号叫"曹大嘴"，不是说嘴真的很大，而是说曹老师以讲课为生，正所谓"大嘴说四方"。

标签则是自己的主要功能，它能让客户快速了解培训师的特色和主讲课程。这样客户在下次遇到类似的课程需求时，还会第一时间想到该培训师。

（2）背景

背景包括学术背景、从业背景和专业背景三部分。

学术背景包括培训师的最高学历、留学和求学经历等，以及所研究的各种课题和参与的项目。

从业背景包括培训师过去的从业经历和现在的行业背景。过去的从业经历最好与当天所授课程相关。比如，讲人力资源类课程时，培训师可以介绍自己曾在某企业担任人力资源主管多少年；讲销售类课程时，培训师可以介绍自己从事销售工作多少年、创造过多少业绩、打破多少纪录、获得什么荣誉等。现在的行业背景包括培训师目前在某企事业单位所担任的职务或其他组织的聘用职务，如担任某协会的会长等。

专业背景指培训师与所授课程相关的资质，如拥有人力资源等级资格证、国际注册培训师资格证、心理咨询师证和各种职称等。专业背景还包括培训经历，如培训师给上百家同行业的企业客户做过培训，主讲了多少课程，以及授课频次等，可以通过相关照片呈现出来，这样更有说服力。

(3) 成就

成就包括培训师发表的论文、所著的图书、获得的奖项等，用来证明培训师的实力。

注意，个人介绍如果由培训师自己口述，建议抓 3~4 条与当天课程相关的内容或背景简单介绍一下，其余的可以放进 PPT 中呈现，否则开头太长，学员会不耐烦，也会觉得培训师在自夸。

3. 开场小道具

开场时要善于使用道具，可以事先准备，也可以就地取材。这里分享几个常见的道具开场法。

(1) 叠名牌

有些培训机构会把参与培训的学员名牌打印好提前放在桌子上。

第八章
完美演绎的三个节点

如果没有专门打印名牌，培训师就可以带领学员进行叠名牌的开场小互动。具体步骤如下：

第一步，给每位学员发一张 A4 彩纸。

第二步，由培训师或助教带领大家叠名牌。方法是先把彩纸横着对折、压紧，再从开口处向上折叠三分之一，打开后把撇口朝外的部分朝里折一下，两边压紧，这样就做成一个三角形的空名牌了。

第三步，在名牌上用黑色或蓝色马克笔（或白板笔）写上自己的名字。

这样一个简易名牌就做好了，让学员将名牌放在自己身旁。做名牌的过程是一个互动性非常强的过程，大家在制作时立刻就有了参与感，课堂氛围会立刻活跃起来。如果时间允许，还可以让每位学员带着自己的名牌上台做自我介绍，增进学员之间的了解，效果更佳。

(2) 写便利贴

便利贴在培训中也是非常有效的道具，很多资深培训师喜欢用。那么开场如何使用它呢？这里介绍两种方法。

第一种，在进场的地方放一个白板，让每位学员进场时把学习目标写在便利贴上，然后贴到白板上分享给他人。

第二种，开场前让学员用一个词形容自己的心情，并将这个词写到便利贴上，再把便利贴贴到白板上。也可以每个小组共用一张大白纸来贴便利贴，并在白纸上写上小组的队名，画上好看的图案，然后贴到白板上。

便利贴有各种颜色，贴到白板上会产生一定的视觉效果，吸引学员多思考、多感悟，课后还能核对自己是否实现了学习目标。

(3) 善用场地

如果培训场地较大，学员的活动空间比较宽裕，可以让每个小组围成一个圆圈，从组长开始轮流分享自己当下的感受。如果是不熟悉的学员坐在一起，可以让大家先自我介绍，再分享自己的感受，以快速拉近学员之间的距离。如果是持续多天的培训，每天早上上课前都可以这样做一次，培训师可以轮流参与各个小组的互动。课后还可以再做一次，让大家分享自己的学习心得。

（四）开场"六不要"

还有一些关于开场常犯的错误，培训师需要重点注意。

1. 不要道歉

有些缺乏经验的培训师开场就主动道歉，比如，开场就说"非常抱歉，我感冒了，嗓子有点哑"。如果你不这么说，学员可能不会关注到，反而觉得你的声音有磁性。还有些培训师在讲课中出现小口误，其实不是什么大问题，却赶紧给大家鞠躬道歉。大多数学员可能根本没注意到这个小失误，培训师一道歉，他们反而更关注了。所以说，只要不是大问题，不是知识性、原则性问题，培训师应尽量避免在讲台上道歉，以免干扰学员正常学习。

2. 尽量不要批评学员

成年人比较看重尊严，培训师在课上公然批评学员会让学员觉得很

| 第八章 |
完美演绎的三个节点

不自在。脾气好的学员可能会忍气吞声，但后面基本不会再好好听课；脾气不太好的可能会立即跟培训师对峙，甚至甩袖而去，造成尴尬的局面。培训师应当多鼓励学员，以他们愿意接受的方式去激励他们认真上课。

3. 不要手忙脚乱

如果学员全部入座了，培训师还在忙着插显示器、试话筒，学员会觉得培训师不专业，没有提前做好准备，浪费大家的时间。所以，培训师应在课前提前准备好教学设备和道具。

4. 不要磕磕绊绊

开场很关键，有"3+45"之说，即开场的 3 秒和 45 秒是最关键的：前 3 秒，学员在观察培训师气场和形象；后 45 秒，学员在听培训师开场怎么说。如果培训师开场就磕磕绊绊的，学员就会觉得培训师水平有限，便不会继续认真听课了。

5. 不要死记硬背

开场台词需要练熟，但切忌死记硬背，要用自己的语言表达出来。如果死记硬背，一旦出现意外状况，节奏就很容易被打乱。

6. 不要念 PPT

开场要尽量脱稿，切忌一开始就对着屏幕念，这样无法体现培训师的专业度和自信。其实，不仅开场不要念 PPT，在整个上课过程中也要尽量不对着屏幕念。

二、重在中场

控场能力通常指培训师对整个课堂的掌控能力，包括对上课时间、课堂纪律、突发事件、课堂氛围、课堂节奏等的控制力。

（一）时间控制

很多新手培训师会有一个同样的困惑：如何在规定的时间内刚好把课讲完？

时间把控不好通常会出现两种情况：第一种是拖堂，即课程结束时间已经到了，但培训师准备的内容还没讲完，这时着急的学员就会有很多不满。第二种是时间还没到，课程内容已经讲完了，如果提前下课，学员会很开心，但企业管理者并不会开心。

一位优秀的培训师该如何把控时间呢？笔者经过十多年的授课经验总结出如下方法供大家参考。

1. 拟好授课计划，把控上课节奏

培训师备课时要计算好每个环节的授课时间。如果前面的内容还没讲完，时间已经不充裕了，后面就得稍微赶一赶，把控好节奏。

2. 准备一些额外的内容

通常来说，培训师宁愿拖堂一会儿，也不要提前结束课程，因为买单的毕竟是老板，老板都希望培训师多讲一些内容。因此，建议培训师提前准备一些额外的内容作为补充，一旦提前讲完了课程内容，培训师就可以把这些内容拿出来讲，这样也会让老板有"物超所值"的感觉。

3. 开场时讲好时间规划

开场时，培训师要跟学员说好课程时间安排，如什么时候休息、课程大约几点钟结束。若是到最后可能会拖一会儿堂，也要跟大家提前打好招呼，这样即便晚结束，学员也能理解。

4. 至少准备两个收尾方法

培训师要至少准备两个收尾方法，其中一个用时较短，另一个用时较长，根据课程结束时间来决定用哪个。如果课程可能会超时，那么培训师可以自己做个简短的总结并布置作业。如果课程可能会提前结束，那么培训师可安排学员按组依次分享学习心得，最后由培训师做整体总结收尾。

（二）课堂纪律

给成年人培训最令人头痛的地方就是约束课堂纪律，其中最有挑战性的就是与手机的"抗争"。有的企业会选择在培训开始前收走学员的手机，在讲台旁边设置一个"停机坪"，这样的强硬方式到底合不合理？

在企业培训中，大部分学员是被逼着走进教室的，企业负责人希望员工加强学习，但大部分员工认为与其花时间参加培训，还不如多做点工作，还有人认为这样的培训很浪费时间，培训师根本不懂自己企业的情况。所以，培训师走进教室前，这个看不见的矛盾就已经产生了。此时，企业再强硬地收走手机，反而更容易激化矛盾，让学员内心产生更强烈的抵触情绪。

那么到底该如何约束课堂纪律呢？这里分享几个实用的方法。

1. 分组激励

分好小组，选出小组长后，现场立刻就会形成竞争的氛围，学员会产生团队荣誉感，小组之间会形成无形的监督压力，所有人都争先恐后抢分数，就不会有人躲在一旁看手机了。

2. 奖优罚劣

奖优罚劣主要体现在"奖"上面，课堂上要多奖励、多表扬、多鼓励，少惩罚甚至不惩罚。但是，如果在你公布完规则后，有人很快违反你所明确的规则，那么你必须马上指出或惩罚，否则后面你将很难维持纪律。

3. 快乐课堂

打造快乐课堂是培训师成功的秘诀之一，学员只有在开心快乐的时候才愿意听培训师讲课。那么，如何打造一个快乐的课堂呢？下一章将会详细讲述。

（三）突发事件

仅从正常上课环节来看，我们很难找出资深培训师与新手培训师之

第八章
完美演绎的三个节点

间的区别,但是课堂上一旦出现突发事件,二者的差别马上就会显现出来。

一名资深的培训师,由于讲课次数多,遇到的突发事件也多,因此在经验上肯定更胜一筹。一名新手培训师,如果能提前知道如何应对突发事件,就会少走很多弯路,免去许多尴尬,提早进入优秀培训师的行列。下面分享一些培训师在课堂中可能会遇到的各种状况及应对方法。

1. 迟到

培训师应提前到场,做好一切必要的准备工作后,气定神闲地等候学员入场。但凡事总有万一,万一有一天早上你睡过头了,万一航班延误了,万一路上堵车了……那要怎么办呢?这时,你可以请主办方帮忙救场,比如,让学员做个小游戏,让大家轮流介绍一下自己或分享之前的培训收获。

如果迟到时间比较长,培训师一定要真心实意地道歉,承认自己的失误,千万不要把责任推给他人,那样只会让学员觉得培训师不负责任。

2. 口误与笔误

培训师总有口误说错话的时候,如果是个小错误,不影响学员正常学习,不要很刻意地去认错,否则反而会提醒大家关注这个错误。

有一次,曹老师深夜写课件,把"克服怯场"写成了"客服怯场",有趣的是连上了好几次课都没人发现,后来一位细心的女学员发现并指出了这个错误,曹老师赶紧承认错误并向学员致谢。

出现口误和笔误是很正常的事情，培训师要保持淡定，下次备课时仔细检查，说话时注意言辞，这才是根本之道。

3. 忘词

忘词是一些新手培训师容易犯的错误。为什么会忘词呢？首先是准备不充分，其次是缺乏临场经验或紧张，还有就是死记硬背授课内容，不忘词才怪。

讲课与演讲不同，演讲更讲究语言的修饰，不允许讲错和忘词，但讲课的重点是教授知识，忘词了可以继续往下讲，想起来了再补充，可弹性把握。

4. 学员不肯前排就座

如果在开始上课前，进场的学员不肯往前排坐该怎么办？第一个办法是主动邀请大家往前面坐，尤其是邀请一些部门经理或主管带头往前坐。第二个办法是培训师可以给前排就座的学员发放一些小礼物，以激励大家靠前就座。

5. 设备发生故障

培训师讲着讲着话筒突然没声音了，或投影设备出现问题、空调坏了……发生这些意外，要怎么办呢？这时，培训师自己要淡定，不能慌，话筒坏了就请主办方帮忙解决，自己接着讲，投影设备坏了就让大家先看打印的讲义，要学会变通。

6. 遇到挑事儿的学员

课堂上总有一些人喜欢挑事儿或抬杠，经过多年的授课实践，我们找到了解决这一问题的方法和规律，在此分享给大家。

（1）多认可

无论台下学员提出的问题多么苛刻或多么不可理喻，都要先认可对方，甚至夸赞他的仔细和认真，这样可以避免与学生发生冲突。如果培训师一开始就反驳，不仅会与该学员形成对立的关系，还会引起其他学员的不满。

有一次，曹老师在课堂上讲到"电话中不能立即报价"，马上有学员举手发言说："老师不对，如果你不报价，客户就跑了。"如果培训师说"跑就跑了呗，这个可能根本不是你的客户"，那么培训师不仅会得罪这位学员，甚至还会得罪他们的老板，因为老板最怕大家不珍惜客户。曹老师是这么回答的："这位学员的问题非常好，确实，如果我们不报价，客户很有可能会去其他家问，我们就会丢失客户。"然后立即拿出分数卡奖励这位学员。这时，这位学员就没有继续跟曹老师抬杠，甚至还沾沾自喜，因为自己帮助小组争取到了额外的分数。然后，曹老师再进一步解释为何不能在电话中立即报价。

（2）多准备

课前，培训师要对课程中可能会被学员质疑的知识点提前准备应对话术，这样就不至于在学员提问之后手足无措了。

（3）多反问

被学员质疑后，除了先认可，还可以马上反问学员。比如，学员说在电话里不报价客户就跑了,培训师可以这样说:"你的问题非常好,说明你是一位实战经验非常丰富的销售,那么你觉得更好的应对方法应该是什么呢?"反问之后,学员往往会讲出自己的想法,培训师一定要耐心听完,然后继续把问题抛给其他学员。在大家相继说出自己的观点后,培训师要从中找出比较适合的解决方案。总之,反问给培训师提供了更多思考的时间,以找到最合适的应对策略,最终做出精妙的解答。

(4) 转移法

培训师做出合理的应对和解答后,要尽快转移话题,以免有些学员继续跟老师抬杠,引起不必要的麻烦,还耽误其他学员的学习。

(5) 带出新内容

还有一种更简单的方式,就是直接带出新内容。如果学员提出的问题刚好是后面课程的内容,要先肯定他:"你说得太棒了!你看问题非常深刻,都看到老师后面的课程中去了,那老师就提前把后面的课程内容跟大家分享一下,刚好能解答你这个问题。"这样一来,学员的抗拒会立刻被化解。既然培训师已经把问题设计在课程里了,那他还有什么好说的呢?至少现在他不会跟培训师继续纠缠了。

(6) 课后私聊

对于特别无理的问题,培训师可以回答:"咱们课后单独沟通吧。"如果学员仍然不依不饶,而且说起话来特别啰唆,占用大家很多时间,导致其他学员也看不下去了,那么培训师应立即终止与其的对话。培训师可以说:"这位学员,我非常理解你的困惑,这属于比较特殊的情况。我后面还有很多精彩的课程内容要跟大家分享,建议我们课后单独沟通吧。其他学员如有同样问题也可以一起课后讨论。"

第八章
完美演绎的三个节点

三、胜在收场

正所谓"龙头凤尾",好的结尾会耐人寻味。仓促收尾会降低学员的满意度,因为大部分的课程满意度调查是在课程结束后做的。

培训课程收尾的方式有以下几种选择。

1. 以故事收尾

培训师可以讲一个发人深省的故事,加深学员的印象。故事的设计可以与课程主题相关,也可以是对学员的激励。

故事示范1:沙子与珍珠

大江边上站着一位衣衫不整的小伙子,面对波涛汹涌的大江,他准备一跃而下了此一生。这时旁边有一个声音传来:"小伙子,你这是想不开要寻短见吗?"

小伙子扭头一看,一位白发老者手里拿着钓竿,原来是位垂钓者。小伙子说道:"站在这里当然是想自杀了。"

老者点头道:"年轻人,我不拦着你自杀,来陪我说会儿话再死也不迟。你看这是什么?"说着他就从地上捡起一粒沙子。

小伙子凑近一看说道:"这不就是一粒沙子吗?"

老者点点头,把沙子往地上一丢,说道:"你能帮我找到刚才那粒沙子吗?"

小伙子心想,这老头儿是不是有毛病,一粒沙子怎么可能找得到,这里满地都是沙子啊。于是他摇头说道:"我找不到。"

老者微微一笑,从怀里掏出一个红色的布包并打开,里面是一个红色的小匣子。匣子里面是一颗让人眼前一亮的珍珠。老者手一抖,珍珠滚落到了地上,老者说道:"小伙子,你能帮我把这颗珍珠找出来吗?"

小伙子一眼就看到了那颗珍珠,弯腰把珍珠捡起来交给老者。老者意味深长地看了眼小伙子,说道:"看得出你是个聪明人,现在还想死吗?"

小伙子茅塞顿开,向老者鞠了一躬,说道:"谢谢您的指点,我不想死了。"说完,扭头便走。

多年后,这个小伙子事业有成,而且家庭幸福美满。

当年小伙子为什么要自杀,后来为什么又不想死,还事业有成了呢?原来他想自杀是因为事业和爱情都不顺利,总觉得自己的努力白费了,总感觉别人对不起自己。沙子与珍珠的对比让他看到了自己身上的问题,不是外界不好,而是因为自己只是一粒平凡的沙子。要想成功,就得先把自己历练成一颗珍珠,这样才能让周边的人看到自己的优秀。

回到我们的课堂,为什么你之前不够成功?因为你是粒沙子,只有通过不懈努力和刻苦学习,让自己成为一颗闪亮的珍珠,你才能得到赏识和重用。

故事示范 2:断了弦的小提琴

有一次,拍卖市场正在拍卖一把断了一根弦的旧小提琴。30 美元、20 美元、10 美元……一直没人愿意出价购买。忽然有一位老先生走到台上,拿起那把残旧的提琴,擦去琴上的灰尘,调了调音,很熟练地开

第八章
完美演绎的三个节点

始演奏。

全会场的人都被小提琴发出的天籁般的声音所吸引。老先生演奏完便走下了拍卖台。转瞬之间,这把小提琴便以3000美元的高价卖出。

小提琴之所以能以高价出售,是因为老先生的演奏让它的价值体现了出来。同样,今天你能体现出价值,是因为有企业这个平台,老师我能站在这里给大家传递知识和技能,也是因为企业给了我这个机会,让我们一起用热烈的掌声感谢企业给我们机会,让我们展现自己的价值!

2. 以游戏收尾

培训师可以设置一些小游戏来对学员进行体验式教育,让他们感悟其中的道理,最后再醍醐灌顶般进行收尾,给学员带来意想不到的收获,比如鼓励他们付诸行动,不要等待、不要犹豫。

3. 借用名人名言

培训师还可以借用名人名言来收尾,这样更有说服力。比如,美国第34任总统艾森豪威尔的一句名言:任何语言都是苍白的,你唯一需要的就是执行力,一个行动胜过一打计划。培训师可以此激励学员,学会方法还要马上行动。

4. 以感谢收尾

培训师不仅要感谢学员耐心听讲,还要感谢提供培训机会的主办方和辛苦忙碌的工作人员。每个人的付出都需要被看见,这是培训师高情商的体现。

5. 首尾呼应

结束语一方面要切主题，另一方面要与课程开始的内容结合起来说，以达到首尾呼应的效果。

比如，开课时我们可以先讲个故事，然后指出："**如果你仍然用过去的方法做事，你将得到跟过去一样的结果。**"错误的方法只会带来错误的结果，以此使学员明白学习是为了让他们学习正确的方法，从而改变自己以往错误的方法。课程结束时，我们让学员再回顾这句话，并启发他们，要想改变自己的未来，必须从改变自己的方法开始。

6. 期望和祝福

最后别忘了对学员提出美好的期望与祝福，希望他们可以通过本次课程的学习，在未来的工作中能有持续而长远的进步，最终达成目标、实现梦想。如果刚好遇到节日，还可以顺祝大家节日快乐。

7. 以歌曲结尾

音乐最能烘托气氛，合唱一首抒情的歌曲更能调动学员的美好情绪，为培训画上一个圆满的句号。

合唱歌曲一要看场合。两天或两天以上的课程可以采用这一方式，若是只有半天或一天的课程，大家还没有建立很深厚的友谊，则会显得非常尴尬。

合唱歌曲二要看对象。要选择传唱度比较高且与培训相关的歌曲才够得体。

第八章
完美演绎的三个节点

除了合唱，还可以邀请有才艺的学员进行表演。

除了上述方法，收尾还有其他环节要做，培训师一定要提前与客户确认好，并预留足够的时间完成以下流程。

1. 总结回顾

培训师要对课程中的要点按照顺序进行回顾和总结，遇到重点内容可以提问学员，以加深记忆。

2. 学员分享

培训师做完总结后，可以进行小组分享和讨论，由代表上台进行分享。人少的课堂则可以请每一位学员轮流上台分享收获。

3. 现场答疑

培训师要预留一定的时间让学员提问，这比较考验培训师的功力。如果学员提出的问题过于专业而培训师暂时无法回答，那么可以记录下来，课后以书面形式回复。

4. 课后测试

培训师要提前设计好题目，在课程结束时发给学员作答，一方面检验学员的学习成果，另一方面提高学员学习的认真度（开课前就要及时告知学员最后有考核，让大家认真学习）。题目不要太难，建议以填空题和选择题为主。

5. 布置作业

在课程的最后，培训师可以给学员布置一些与课程相关的作业。作业可以是课程里面讲到的技巧、方法的实践，或课外阅读、制定行动方案等。最简单、最实用的作业就是写学习心得。如果有学员微信群，则可以让大家直接在群里分享两三点学习收获。

6. 奖惩实施

如果一开始宣布了奖惩规则，那么课程结束时就要及时兑现。对于奖励，可以邀请企业负责人颁发证书并合影留念；对于惩罚，要尽量减轻，但必须实施，以树立培训师的威信。

7. 合影留念

最后邀请企业负责人和培训师、学员一起合影留念。企业可以将之作为企业文化进行宣传，培训师也可以将其作为见证留存。

CHAPTER 9

|第九章|
极致氛围的五大绝招

一、幽默风趣

我们的课前调研有一个问题是"你最喜欢什么样的培训师",这么多年调研下来,我们发现排名第一的是幽默的培训师,第二是实战有干货的培训师,第三是颜值高的培训师。幽默,竟然排在第一位!

学习是件很辛苦的事,如果有幽默的调节,课堂氛围会变得更好,学员的学习效率也会更高。

很多人说幽默感是与生俱来的,是一种天赋,一般人学不来。但是,练就浑然天成的幽默感也是有方法和技巧的。下面给大家分享四个方法。

(一)善于讲笑话

如果你天生没有幽默感,那就学着讲笑话吧。据说好培训师都是段子手,还记得那位讲考研课的张雪峰老师吗?这么枯燥的课都有人追,还火了,为什么呢?就是因为人家会说笑话啊,他把考研课变成了相声专场,学员学起来兴趣盎然。还有讲刑法课的罗翔老师,因各种幽默的笑话让众多人爱上了听刑法知识。还有罗永浩,硬是把手机发布会变成了相声大会,而且一票难求。所以,培训师如果能在课堂中随时讲几个与课程内容相关的笑话,让学员哈哈一笑,就既能让学员放松,也能让学员喜欢听你的课,还能提高他们的学习效率。

讲课中讲笑话有几点要注意:第一,笑话必须跟课程内容相关;第二,讲笑话要把握分寸,不能讲低俗的笑话或说脏话;第三,掌握时间,不要浪费过多时间,而且要在合适的时间讲,比如开场时和下午大家犯困的时候。

如何才能讲好一个笑话呢?

1. 找到讲笑话的规律

一个完美的笑话之所以成功,最主要就是有一个或多个笑点。一个完整的笑话至少包括三部分:叙事、假设、反转。

叙事就是正常讲述事情,让听众产生一个习惯性的前提假设(这一部分只出现在听众脑海里)。反转就是笑点,相声界称为"抖包袱",既让人意想不到,却又合情合理,与假设完全相反,形成笑点。

比如,孩子遇到问题经常会喊:"妈,我饿了!""妈,我渴了!""妈,这道题我不会做!"如果孩子喊爸,就会说:"爸,我妈呢?"

上面的笑话中,前面铺垫了三个问题,大家会自我对照,并形成对

第九章
极致氛围的五大绝招

前提假设的认同,即孩子有问题先找妈妈。如果找爸爸,大家会延伸思考:找爸爸做什么呢。做作业吗?帮忙爬高拿东西吗?玩游戏吗?都不对,最终还是找妈妈。这个反转既合情合理,又能带来笑点。

当我们找到了讲笑话的规律时,我们自己就能制造出笑话,即先阐述一个正常的事情进行铺垫,让大家认同这个前提假设,然后制造一个反转带来笑点。只要多加练习,你也能成为一个段子手。

2. 与课程内容完美衔接

培训的主要目的是传授知识和技能,所以即使讲笑话也必须讲与课程内容相关的,主要目的是让大家对课程内容有更加形象的理解,让大家能够打起精神认真听课,提高学习效率。

3. 精彩演绎

为什么同样的笑话,从有些人口中说出来大家笑得前仰后合,换个人说好像就没那么好笑了呢?这就是所谓的三分内容七分演。我们在后面的章节中会详细谈到如何演绎,这里先简单说两个注意点:首先,肢体动作和表情要配合笑话的走向,自己不能提前笑出来。很多人讲笑话时,笑点还没到,自己就先笑个不停,这样就没有效果了。其次,要掌握节奏感,尤其是在反转之前那一刻,要有意识地停顿,让大家自己思考笑点在哪里。

4. 日积月累

讲笑话的前提是多储备、多积累,下面介绍几个主要方法。

第一，多看书，积累经典的故事，丰富自己的头脑。

第二，多听、多看相声和脱口秀节目，多思考，多感悟。

第三，在生活中积累素材，并记录下来，反复揣摩。

第四，反复练习。反复给自己讲笑话，熟练后再讲给别人听，并验证大家是否能领会你的笑点。也可以自己拿手机录下来反复听，找出需要改进的地方。

总之，只有不断积累、反复练习，你的笑话才能越讲越好，课堂氛围自然就会得到提升。

（二）随时随地抓笑点

要成为幽默的培训师，除了要会讲笑话，还要善于捕捉笑点。比如，曹老师曾在西安讲课，他的学员是全国各省市的总代理商、加盟商负责人。曹老师灵机一动地说："我一开始听说今天上课'市长'要来，把我吓一跳，后来才知道，台下坐着的还有好多'省长'！"大家笑得前仰后合。

幽默还能不失时宜地化解尴尬，让一些原本不利的场景通过幽默转变为有利的形势。但要注意的是，千万不能拿别人的缺陷开玩笑。

（三）用肢体制造幽默

除了语言可以让人发笑，肢体也是可以带来笑点的工具。比如，表示尴尬时模仿"小岳岳"（岳云鹏）贱贱的笑容，说到"好尴尬"三个字时可以模仿潘斌龙两手一摊的招牌手势，大家哈哈一笑之后，就没人关注为什么尴尬了。

（四）生活中充满幽默

想在讲台上具有幽默感，首先需要在生活中成为一个幽默的人。无论夫妻之间、父母之间，还是与孩子、同事、客户交流，都要保持风趣幽默的沟通习惯，因为幽默就是一种生活习惯。

如果你能做到以上四点，那么恭喜你，你一定能成为受学员欢迎的幽默的培训师！

二、激励技巧

（一）表扬激励

在企业内训的课堂中夸赞某学员，就相当于当着同事或领导的面表扬他，对他的激励作用非常大，会提高他的学习热情，也会增加他对培训师的好感。正如心理学泰斗弗洛伊德所说，每个人都有渴求别人赞扬的心理期望，人一旦被肯定，总会喜不自胜。课程中最好的激励方式就是表扬。那么，如何在课堂上更好地表扬学员呢？

1. 表扬第一位参与互动的学员

想让学员积极参与互动，就得鼓励大家发言。只要是第一位参与互动的，无论他的发言是否正确，无论他是否按规定参与互动，都要好好地表扬他，以激励其他学员积极参与互动。

2. 无论对错都表扬

学员为何不愿意举手发言？因为他们担心说错话被批评。无论对错，聪明的培训师都要立即给予表扬，让其他学员没有负担，敢于举手。

3. 表扬要具体化

一开始的表扬可以无论对错，但当课程进入中场，大家的积极性被调动起来后，就得有所区分了。这时，确实讲得好的，就多表扬，而且要讲出表扬的具体原因，这样才显得不敷衍，才会使其他学员信服。

4. 奖励

口头表扬是精神鼓励，培训师还可以适当地准备一些物质奖励。比如，为了活跃课堂氛围，培训师可以准备一些小公仔、小玩偶，发给那些积极参与互动的学员。

5. 评选优秀学员

开课前可以设定好评选优秀学员的规则，授课过程中对学员的分数进行统计和排序，课程结束后表扬和奖励排名靠前的学员，以提高学员的积极性。

（二）分组比赛

成年人的课堂不容易管理。他们有工作经验，知识面也广，学习不是为了考试升学，而是为了解决自己工作中遇到的问题。所以，他们更需要的是分享和讨论。那么，如何开展生动有效的小组讨论活动呢？

第一步，分组。

分组式课堂要提前把小组座位摆好。比如，预计 30 多人参加学习，每一组可以安排 6～8 个座椅，分成四五个小组。

学员进来后要怎么分组呢？有些培训师认为不要要求太多，让学员随便就座，只要坐满即可。这样好吗？不太好。为什么呢？因为通常靠近讲台就座的学员都是管理者或比较积极自信的学员，越往后，大家的学习积极性可能越不高，这样不适合公平分组。最好的方法是把学员顺序打乱。常用的分组法有以下几种。

第一种，报数分组法。这是最常用也是最有效的分组法，学员进场可随意就座。上课后，按照 1，2，3，4，5 进行报数，报相同数字的学员分为一组，再重新按组就座。这种方法可以快速地把管理者和普通员工、关系好的和关系一般的同事、同部门的和不同部门的同事、男学员和女学员打乱顺序，重新随机分配。这样一方面可以减少上课时大家窃窃私语的情况，另一方面可以有效地促进学员间的沟通和交流。这个方法的缺点是同部门的学员会被拆分，需要部门讨论的课程就不太适合采用这种分组方法，比如，"问题分析与解决""目标管理"等课程就需要同部门的学员一起讨论问题，就不能采用这种分组方法。

第二种，部门分组法。有些企业在培训前会要求学员根据所在部门进行分组，比如，销售培训类课程可以按销售员负责的销售区域分组，华东一组、华南一组、华北一组，销售经理担任组长。这样分组的好处是小组成员互相了解，解决问题比较实际，而且组长也有威慑力。这个方法的缺点是各小组人数差异较大，有些部门人数较少。

第三种，名牌分组法。这种方法是让企业自己决定如何分组。提前将打印好的名牌放在座位前，学员进场后需按名牌就座。

第四种，因地制宜法。有些比较特殊的教室桌椅是一排一排固定好的，无法按需分组，而且在课程时间较短、学员人数较多时，就只能因地制宜，按照横排或竖排进行分组。

<u>第二步，选组长。</u>

分好小组后要给每个小组选组长，由组长协助培训师组织讨论和管理组员。那么，如何选组长呢？有两个方法：一是让小组成员推荐或学员毛遂自荐，二是由企业负责人确定组长人选，一般建议由非高级管理者担任，以培养新的优秀管理人才。

<u>第三步，实施讨论。</u>

小组分好，组长选好，就能根据课程需要进行小组讨论了。讨论结束后，由每个小组派代表上台分享讨论结果。如果小组不多，授课时间也比较宽裕，那么可以让每个小组轮流分享，评出最优秀的小组。如果小组较多，课程时间又比较紧张，就只选几组分享，培训师可灵活掌握。除了分组讨论，还可以分组进行课堂互动，如小组竞赛、情景模拟、角色扮演等。

总之，分组互动，既能激发学员的积极性，又能让大家通过交流

第九章
极致氛围的五大绝招

和协作完成学习任务，增加学习收获，提高学习效果。

（三）奖惩措施

你有没有类似的经历：上课时没人愿意举手回答问题，场面非常尴尬。为什么会出现这样的情况？一是因为大家都怕在领导面前说错话，二是很多培训是老板要求的，学员内心并不想来上课，尤其是在那些占用了周末或休息时间的课堂上，更没人愿意回答问题了。如果培训师设计一些奖惩措施，给大家一个积极参与互动的理由，情况就会有所改善。

奖惩分为奖励和惩罚。心理学表明，人的动机来源于两个方面，一是追求快乐，二是逃避痛苦。比如你要吃饭，第一个动机是你饿了，为了逃避痛苦而要吃饭，第二个动机是你抵挡不住美食的诱惑，这是为了追求快乐和满足感。

如何根据动机原理设计一个比较合理的课堂奖惩措施呢？流程如下。

第一步，设计奖惩措施。

分好组后，培训师要说明奖惩规则。通常可以奖励第一名，惩罚最后一名。如果小组数量较多，准备的奖品也比较丰富，还可以奖励前三名。

一般来说，奖品的价值高低并不重要，只要有奖励措施，大家就会踊跃参与，而且学员会有荣誉感。奖品可以为笔记本、巧克力等，预算多一点的可以送充电宝、优盘之类的。有著作的培训师还可以送自己写的书，这样一方面便于学员课后继续提升，另一方面也能体现培训师的学术水平。

为什么要设计惩罚措施呢？因为人们都怕在其他人面前出洋相，所以在课程后半场积极发言的小组往往是为了逃避惩罚。惩罚一定要有分寸，轻了学员不重视，重了学员不高兴。切记千万不能罚钱，但是可以邀请其进行才艺表演或做一些适量的运动等。

第二步，计分。

如何判断谁胜谁负呢？那就要设计加分、减分规则了。分组较少的课堂可以采用计分卡的形式，计分卡可由培训师自制或用扑克牌替代。如果分组较多，则可以单独安排一位助教负责计分。

刚开始大家都比较害羞或不好意思参与互动，所以只要有人开口，即使没举手，培训师也可以给他加分，以鼓励大家的积极性。发言精彩的要给高分，积极帮助他人的，比如主动帮培训师擦黑板或帮助其他小组解答问题的，都可以适当加分。减分主要是为了约束课堂纪律，对于擅自接打电话、随意说话、随意走动的，都可以适当减分，以维系良好的课堂纪律。

第三步，实施奖惩。

既然设定了规则，就得说到做到。加分和减分都要公平公正，不能偏颇，要一碗水端平。无论奖励，还是惩罚，都必须兑现。奖励可以提高标准，惩罚则可以适当降低标准，但必须执行，不然下次讲课就没法约束学员了。

三、提问互动

提问是一门艺术，好的提问能大幅提升课堂的互动性。提问分五类：设问式提问、开放式提问、封闭式提问、选择式提问和引导式提问。

1. 设问式提问

设问式提问即自问自答。先提出一个疑问，引出学员心中的疑惑，再给出答案，让学员有种恍然大悟的感觉。设问式提问虽然不需要学员真的来回答，但会带动学员的思维，让学员跟着培训师一起去积极思考。

用设问式提问，一定要把握好节奏。说出问题后，要给学员短暂的时间思考，不要过早地揭晓答案，也不要等太久。

2. 开放式提问

一般来说，开放式提问的答案会有很多，比如关于什么的问题，关于如何的问题，关于怎样的问题。培训师可以把问题丢给学员，让他们仔细思考后回答。

开放式提问要注意循序渐进，一开始不要问难度太大或比较偏门的问题，以免打消大家的积极性。当然，问题也不能太简单，缺乏挑战性。比如有些培训师在总裁班提问："你们知道 20/80 法则是什么吗？"总裁班的学员一般都经历丰富、学识较高，这样的问题对他们来说就太简单了，一点挑战性都没有。此时，培训师应该换一个问法："在座的各位都是知识渊博的人，都知道什么是 20/80 法则。请大家想一想，哪些地方可以用到 20/80 法则？"

3. 封闭式提问

封闭式提问的答案比较固定，要么对，要么错。封闭式提问通常用来引导大家认同，比如"是不是？""对不对？"，这样的课堂提问是在引导学员认可培训师的观点。只有学员打心眼里认同了培训师，他们才愿意按照培训师的方法去做。这里或多或少带有一些心理暗示的作用。

4. 选择式提问

选择式提问则是给出一些选项，让学员来选择。比如说，大家看完一段视频，如果认为视频中的领导错了就选 A，如果认为下属错了就选 B。然后培训师统计下人数，并邀请持有不同意见的学员分享选择的理由，形成良好的互动。

5. 引导式提问

在问完开放式问题后大家都不回答的情况下，有经验的培训师就会用引导式提问来缓解尴尬。例如，培训师问："如果你看到有人在办公桌上趴着睡觉而不工作，你该怎么办呢？"如果没人回答，培训师可以接着引导大家："是不是应该先找出他睡觉的原因呢？"

总之，善用提问法，既能提升学员的参与度，又能加深学员的记忆，可谓一举两得。

四、游戏互动

比如，你从小就学会了骑自行车，但工作后再也没骑过，突然有一天你需要骑自行车，此时你还会骑吗？答案是肯定的。为什么呢？因为骑自行车是你用肢体去记忆的，被存储在你的潜意识里，还有游泳、驾驶汽车等，都属于这种体验式记忆。

一名优秀的培训师要学会使用体验式教学，让学员通过游戏完成任务，让学员自己总结经验和收获。如何实施一个完整的游戏互动教学呢？通常有以下几个步骤。

第一步，规则讲解。培训师要亲自讲解游戏流程和规则，按步骤清清楚楚地讲述，避免大家模棱两可，产生争议，甚至钻游戏漏洞。

第二步，示范游戏。有些游戏需要培训师亲自示范，也可以找学员来做，让大家更直观地理解游戏的过程和规则。

第三步，开始游戏。讲好规则、做好示范后，就可以开始游戏了。务必注意把控好时间，以免影响教学进度。

第四步，分组讨论。无论输赢，无论成败，时间到了就停止游戏，然后分组讨论游戏中的感悟。这一步很关键，因为做游戏不是目的，通过游戏悟出道理或引出理论和知识点才是目的。讨论也要控制好时间，小组讨论完后还可以邀请代表上台分享。

第五步，培训师总结。大家都分享完毕后，培训师需要做总结和提炼，把希望大家通过游戏感悟的道理阐述清楚。有些需要大家加强体验的，可以把游戏再做一遍并进行验证。

最后，给大家分享几个授课时经常能用到的超实用小游戏。

1. 握手游戏

让大家两手自然交叉相握，观察自己哪只手的大拇指在上面。然后让大家变换为另一只手的拇指在上面，重新交叉相握。大家虽然能做到，但是普遍觉得不舒服、不习惯。培训师用这个游戏来让大家明白"习惯可以改变，但是很难"的道理。

2. 猜猜我是谁

准备几条深色床单，并把学员分为两组。先给大家一定的时间熟悉对方组员的名字，然后用床单把两组人员隔开，使大家分散着排列在床单两侧，并数"1—2—3"。把床单放下的一刹那，率先喊出对方组员名字的那组获胜，输掉的则被划为对方组员，如此循环进行游戏。这个游戏能够帮助陌生的学员快速记住其他学员的名字，适用于课程开始前活跃气氛。

3. 传话游戏

学员按组分别排成纵队，培训师先偷偷告诉每组最后一个学员一句话，然后让学员一个一个往前传，看最后哪组的还原度最高。这个游戏在沟通课程中经常使用，目的是让大家理解话语在传输过程中会丢失很多信息，容易以讹传讹。

4. 雪花片片（沟通游戏）

培训师发给每一位学员一张白纸，再让他们把眼睛闭起来，并根据自己的指令叠纸和撕纸。"先对折，在右下角撕下一个小三角；再对折，在左下角撕下一个小方块；继续对折，在一点钟的位置撕一个圆形……请睁眼，看看你眼前的形状。"大家会发现，每个人展开的纸的形状都是不一样的。这个游戏可以启发大家，只听话照做，而缺少提问，会让每个人都做得不一样。

5. 九点连线

培训师在白板上均匀点上9个小点，形成一个长方形矩阵，然后问大家如何用直线去连这9个点。转弯算一笔，那么最少可以用几笔把这9个点连起来？一般是5笔。继续问，如果用4笔怎么连？这就需要突破这个矩阵，往外延展，画成一个三角形才能完成。继续问：用3笔怎么连？用2笔怎么连？用1笔怎么连？这是一个创新游戏，目的是启发大家突破固有思维。

微信公众号搜索"傅一声"，关注公众号并回复关键词：转型培训师，即可免费领取100个常用培训游戏的教程。

五、角色扮演

课堂上，如果学员只单纯听课，那么他们的感受是不深的。比如，在讲销售技巧的课堂上，培训师用案例抛出一个大家经常遇到的难点，然后讲述如何解决这个难点，最后再用一个正确的案例来证明，学员听上去感觉不错，但实际操作效果很差，为什么呢？因为学员并没有进行实际体验，没有亲口把话说出来，所以感受是千差万别的。课上听培训师说很容易，一旦回到工作状态就被打回原形，也就是"一听就会，一做就废"。最好的方法是让学员进行模拟演练，通过角色扮演，去真实地体验错误或正确的方法，并且多练几次，直至形成习惯。

所谓的角色扮演，就是设定一个虚拟场景，让学员扮演不同的角色，这样做一方面可以使学员通过角色扮演体验不同角色的感受，另一方面有助于培训师引导学员用正确的沟通方式去交流。学员在课堂上多暴露一些问题，多练习，回到工作中就更可能学会用正确的方法轻松应对难题。比如在销售课程中，培训师可以让学员分别扮演客户与销售人员，模拟实际遇到的销售场景，把学到的技巧运用到这些场景中，夯实学习效果。

还有一种类似沙盘模拟的互动模式，其实也是一种情景模拟训练。培训师提出现实工作中的一个场景，比如工厂管理、企业运营、销售、供应链管理等中的一个场景，让学员分别扮演不同的角色，体会企业运营中不同角色承担的不同工作职责，从而寻找更好的沟通方式。

角色扮演互动式教学流程有五步。

第一步，设置场景。例如，培训师设置一个销售场景——销售员给客户报价，客户不接受。

第二步，确定学员要扮演的不同角色。大家轮流进行角色扮演，或者选出几位学员上台进行角色扮演，其他学员观摩和点评。

第三步，模拟推演过去的沟通过程。培训师让学员使用他们过去常

第九章
极致氛围的五大绝招

用的方法来应对客户的抗拒,模拟客户的真实反馈,再现场景。

第四步,使用学到的新方法或话术。培训师让学员使用课堂上学到的新方法或话术进行应对,让扮演客户的学员感受不同的方法和话术带来的全新体验。

第五步,点评和分享。大家分别总结自己的切身感受,分享自己的观点,最后由培训师进行全盘总结,纠正错误,指出需要改进的方面,直到学员能够掌握学习要点。

在角色扮演中,培训师要注意以下四个方面。

第一,最好走下讲台,亲自参与某一个或几个小组的情景模拟,以便及时找到问题,点评时切中问题关键点。

第二,给予学员正向评价。培训师千万不要打击学员的积极性,当学员勇敢地站起来进行角色扮演的时候,无论对错,都要先给予肯定,再纠正错误。

第三,亲自示范。如果培训师能亲自示范,学员就会有更好的学习效果,但这对培训师的能力是极大的考验。

第四,形成文字记录。如果有助教,可以请助教把学员在角色扮演中的成功话术记录下来,课后整理好反馈给客户。这是一种课程成果的体现,也能提高客户的满意度。

总之,角色扮演一方面能提高课堂互动效果,另一方面能帮助学员通过情景模拟解决现实工作中遇到的问题。

| 营销篇 |

爆课秘诀与
培训师 IP 打造

CHAPTER 10

|第十章|
培训师的定位与包装

一、培训师的定位

什么是定位？定位是让品牌在顾客的心智阶梯中占据最有利的位置，使品牌成为某个类别或某种特性的代名词。

一位成熟的培训师就是一个品牌，甚至是一个商品。想让客户在第一时间想到你，就必须先让客户对你有精准的认识，比如你擅长讲什么课，水平如何，与其他人有什么不一样。

如果你想进入培训行业，首先就要对自己精准定位，因为方向不对，再努力也是白费功夫，定位定得好则可以使你少走弯路。刚入行的培训师则要定期梳理自己的定位，及时做出调整。已经打拼多年的培训师，则要慎重地对待自己的定位，不要轻易做过大的调整，要不断优化自己，逐渐转型，平稳过渡。

培训师要做好三大定位：课程定位、客户定位、价格定位。

| 第十章 |

培训师的定位与包装

（一）课程定位

培训师的课程定位非常重要。课程定位的目的是让客户想到你就会想到你的课程，或者有课程需求时能第一时间想到你。

如果客户问你主讲什么课，你回答"我什么课都能讲，什么客户都能接"，那么就等于你没有客户，因为你的竞争对手是所有的培训师，而且你讲述的每一门课都会被客户拿来与该领域最优秀、最资深的培训师做比较，这对新手培训师来说无疑是非常吃亏的。比如，面对"大客户销售"这样的课程，客户第一时间会想到哪些培训师呢？他们首先会想到主讲销售的资深培训师，然后想到只讲"大客户销售"这一门课的培训师。虽然你的课程包里也有"大客户销售"，可是客户认为你不够专业，除非其他培训师没有档期或者找不到更好的培训师，客户才会选择你。

本书第三章提到过未来培训行业的十大趋势，其中第五大趋势"培训师专业化"表明，未来会有大批专业的培训师涌入培训市场，如果你什么课都讲，你就会面临一个非常尴尬的境地——跟其他专业性比较强的培训师比，你不占优势。因此，培训师必须注意自己的精准定位，做好细分度和垂直度，占领客户的第一"心智"。

课程定位到底该怎么做？通常有两种选择——课程细分与行业细分。

1. 课程细分

每个人的精力都是有限的，想做到全领域样样精通是不可能的，但是想成为某个细分领域的高手则简单得多。聚焦一门细分课程，然后成为这门课程的精通者，树立自己的品牌，是培训师定位的核心。

不是做加法，而是先做减法。不是做选择，而是先做放弃。

课程如何细分？我们建议把课程按级别划分。如表10.1所示，销售是一级细分，零售业的销售是二级细分，门店导购技巧是三级细分；管理是一级细分，领导力是二级细分，变革领导力是三级细分。

表 10.1　细分课程示例

课程方向	销售类	管理类	互联网类
一级细分	销售	管理	新媒体营销
二级细分	零售业的销售	领导力	直播营销
三级细分	门店导购技巧	变革领导力	服装业直播带货

商业经典著作《定位》提出一个观点：人的脑海中对某一需求的认知是有限的，人最多只能记住三个品牌，而且通常都会在第一和第二两者之间做选择。所以我们在做细分定位的时候，也要注意判断自己在这个细分出来的领域里能不能成为第一名，以及这个细分领域是否有足够大的市场需求。

越年轻的培训师越需要细分，他们应尽量选择竞争对手不多、市场容量足够大的细分领域，然后精耕细作，开拓一片天地。

案例分享：

有一位培训师叫张子谦，他主讲一门叫"几何公差"的课程，很多人都没听过这个名字。然而，这是一门刚需课程，属于生产管理类的三级细分课程。很多人认为这么小众的课程没有什么课量，但事实恰恰相反，他每一年的课都排得很满，企业不提前预约都约不到，这是为什么

| 第十章 |
培训师的定位与包装

呢？因为全国讲几何公差的培训师没几个，他的这个课程定位多年以来从没换过，所以企业只要有这方面的需求，第一个想到的就是他。

在定位自己的细分领域时，也要根据自己的情况来选择，比如，授课时间比较长、在行业里已有一定知名度的培训师，可以适当放大自己的领域，新手培训师则要往更细分的领域定位。

做课程细分定位必须遵循以下三大原则：

第一，熟悉原则。课程领域必须是自己熟悉的专业领域，自己有丰富的经验，这样你才能准确把握客户需求，讲起课来也会更自信。

第二，兴趣原则。兴趣是最大的驱动力，如果自己不喜欢，再好的课程领域也没有用，因为自己缺少钻研的乐趣。近年来，随着新媒体类课程的火热，不少培训师转型讲直播类课程，但他们对新媒体并没有太多兴趣，钻研起来非常痛苦，再加上缺少实战经验与专业积累，因此没多久就被行业抛弃了。

第三，市场原则。再熟悉、再喜欢，也得关注市场需求，否则再好的课也没有多少客户。

2. 行业细分

行业细分指专注于某一特定行业，如金融行业、房地产行业、汽车行业、家居建材行业、零售行业、能源行业等。如今客户越来越倾向于选择具有行业标签的培训师，会先入为主地认为有行业背景的培训师比较懂自己的企业和产品、讲的课程会更有针对性。

选择细分行业时，最好选择有较高行业壁垒的，比如银行业，因为这类客户很少选择没有银行从业背景的培训师。

俗话说，隔行如隔山，不同行业之间的差异化确实存在，如果培训师能深耕某些行业，课程的落地性一定会更强。

万事开头难，在最难的时候，聚焦往往会带来突破。

（二）客户定位

客户定位与课程定位密不可分，新手培训师在给自己做课程定位的时候，必须考虑客户定位，这样才能有的放矢。

谁是培训师的客户？说起来比较复杂。培训师的客户主要有以下四类。

1. 培训机构

培训机构是培训师与企业中间的桥梁，培训机构帮助培训师寻找客户、洽谈合作、提供支持，是培训师的"最佳伴侣"。培训师与培训机构各司其职，分工合作，犹如并肩作战的盟友。

培训机构是培训师的重点客户。正因为培训机构帮培训师把客户开发、客户维护、课前调研、课程实施、教室安排、学员通知、助教安排、课后服务等工作全部都做了，培训师才有更多的时间专注于课程内容开发，不被那么多琐事牵扯精力。

凡事有利就有弊，有些培训机构担心客户会直接找培训师合作，所以会避免客户与培训师直接沟通，这就会使信息传递出现一定程度的偏差。

2. 经纪公司

经纪公司又叫培训师经纪，经纪公司主要负责把培训师推荐给各大培训机构。

和经纪公司合作的好处主要是培训师可以接触全国各大培训机构，这对于一些新手培训师来说是非常不错的选择。需要注意的是，有些经纪公司会与培训师签订独家合作协议，这样一来培训师就无法自己找培训机构合作或与客户直接签约了，而必须通过经纪公司。

与经纪公司合作的劣势也很明显，首先是沟通不畅，培训师与直接客户之间隔着两个角色——经纪公司和培训机构，所以培训师往往对客户的需求了解得不是很透彻，且容易出现理解偏差。其次，因为"中间商"比较多，培训师能拿到的课酬也不高。

3. 企业

企业是真正为培训课程买单的甲方。过去信息比较闭塞，很多培训机构与经纪公司完全靠信息差来获取利润。随着很多企业开始加强培训管理，企业会自己找培训师授课，并且随着互联网的普及，培训师能够在网上直接宣传自己，企业可通过微博、公众号、抖音号等自媒体直接联系到培训师。

培训师直接面对客户的好处有两个：利润更高、沟通更直接。缺陷也很明显，那就是需要培训师自己从头到尾与客户进行交流、谈判、签订合同、做调研、安排教室和交通食宿、课后跟进维护等，或者自己聘请一个助理来完成。

4.个人付费客户

培训师除了服务企业，还可以自己开课，招募学员。这时，培训师主要面对的是个人付费客户。近年来，随着知识付费的兴起，线上训练营、网课成为很多培训师的授课途径。

培训师了解了自己的四类目标客户，以及哪些是自己的重点客户后，就可以适当做出取舍，筛选和维系重点客户。通常，培训师常年与四五家培训机构进行战略合作，一年下来的课量就足够了。

筛选客户可以依据"三高一近"原则。

一高：高匹配度

无论选择经纪公司或培训机构，还是选择直接对接客户，培训师都要考虑与自己的课程领域是否匹配，不能什么课都接。有些培训机构比较专注于某一特定领域，比如专门服务于银行系统，如果培训师的主打课程就是为银行类客户服务的，那么这样的培训机构就应该是培训师重点合作的对象。企业客户同样如此，如果培训师主讲门店导购类课程，那么他的主要客户就是具备一定规模的连锁门店。总之，与自己课程的匹配度越高的客户，培训师越要重视。

二高：高收益率

利润高的大客户也是培训师要重点关注的，其中单价高、培训频次高、返聘率高的大客户都值得重点维护。除了高利润，培训师还要考虑客户的回款速度。对于经常拖欠课酬的客户，培训师要尽量避免与之合作。

三高：高知名度

知名度高的客户，能够成为培训师的知名案例，能够被拿来当作

"客户见证"，增加培训师的权威性与可信度，尤其新手培训师应重点维护这样的客户。

一近：近距离

客户与自己的常驻地距离越近，时间投资就越少，也避免了旅途劳顿，这样的客户值得重点关注。曹老师有一个"两小时经济圈"的理论，即无论开车还是坐高铁，当天能往返的客户都是他的重点合作对象。

符合以上"三高一近"原则的客户就是培训师要重点维护的大客户。维护这些大客户必须遵循"加减法则"。其中，"加"是增加与大客户的合作强度与密度，重视大客户的课程需求，保障其课程质量，并适当增加课后服务。"减"是减少小客户的服务强度，能拒绝就拒绝，把时间预留给优质的大客户。

（三）价格定位

营销界有句话叫"定价定天下"，可见定价多么重要。定价不是一件容易的事儿，不要说新手培训师，即使有10年工作经验的资深培训师对定价也是非常头痛的，大家都担心价格定高了没人请去讲课，定低了不划算又自掉身价。

那么，培训师该如何进行合理的定价呢？培训师通常有三种定价模式：第一种是给直接客户的，第二种是给培训机构的，第三种是给经纪公司的。

给直接客户的价格肯定是最高的，毕竟"无中间商赚差价"，代价是培训师要完成所有的商务环节。给培训机构的价格肯定要比给直接客户的低一些，因为培训机构会帮助你做一些工作。给经纪公司的价格可在给培训机构的价格基础上少报一点，或者按课酬的百分比支付报酬给经纪公司。

培训行业的定价没有绝对的标准，不同的课程、不同的培训师、不同的客户规模，价格差异较大。有的培训师免费上课都没人请，有的培训师报价极高，大家还得排队约时间。

培训师在给自己定价时，除了要对比市场上的同类课程，还要从以下维度进行考虑，比如**授课年限、年课量、学历资格、授课地域、课程类型**等。

培训师在不同的阶段，可以有不同的定价策略。刚从业的培训师，在市场上还没有什么口碑，也没有稳定的客户，定价可以稍微低一点，突出自己的"性价比"。随着经验的愈加丰富，培训师可以再适当理性地涨价。

无论什么时候，都要让自己的价值高于价格。有的培训师涨价太快，甚至价格高得离谱，这只会最终葬送自己的职业生涯。

有位培训师讲课非常好，返聘率也高，但是在短短3年时间里就将自己的价格翻了一倍，结果导致整年的课量减少了2/3，连过去的老客户也突然停止跟他合作了。他百思不得其解。后来有一次，曾与他紧密合作的机构坦言："他的课酬太高了，机构的利润空间越来越小，我们只能寻找性价比更高的培训师，虽然水平没有他那么高，但总归还能有利润可言。"

一旦课酬涨上去了，想降下来就难了。如果你主动降价，培训机构肯定会有想法：之前为什么那么高？现在降价是不是因为课卖不动了？

第十章
培训师的定位与包装

是不是价格还能再降？正所谓买涨不买跌，培训师在涨价的过程中也要懂得适可而止，涨到一定的程度就应该维持在那个水平，宁愿少接点课，拒绝一些小客户，也不要盲目涨价。

二、培训师的包装

培训师需不需要包装？答案是肯定的。好的包装可以大大提高课程销售的成功率与培训师的返聘率。培训师的自我包装分为硬包装和软包装。

（一）硬包装

培训师的硬包装指穿着上的准备。俗话说，人靠衣装，马靠鞍。培训是一个与人打交道的行业，培训师要时刻注意自己的穿着。穿着包括穿衣打扮、配饰等。很多人会问：是不是应该穿西服打领带？问这个问题的人肯定是不太喜欢穿正装的。我们经常听到客户背地里吐槽有的培训师穿T恤上讲台，或胡子不刮就来讲课等。我们甚至听说过有一个客户向培训机构反映某位培训师课讲得不错，但穿着太不讲究，给学员起到了反效果，所以之后就再也没有聘请这位培训师。可见，大家对培训师的着装是挺看重的。

曹老师不管什么季节，一律穿西装打领带，即使大夏天汗流浃背，也从来没有换成清凉的服装。当然，这和课程类型也有关，曹老师主讲营销类课程，营销人员对着装的要求本来就高，培训师必须以身作则。

正装是最安全的，至少不会犯错。那么，所有的培训师都要穿正装吗？也不一定，具体情况要具体分析。讲国学、养生、易经的培训师，可以穿传统服饰，这样更加贴合课程主题；讲穿搭、奢侈品的培训师，可以穿着更加时尚一些；讲生产类课题的培训师，可以跟学员穿一样的工作服，这样更能拉近与学员的距离。总之，与身份、课程匹配的穿着会给培训师加分。

随着能力和地位的提高，培训师穿着可以更随意一些，这样反而显得更亲切、更接地气。但要记住，无论穿什么，都必须干净整洁，而且最好穿看上去质量比较好的衣服。尽量不要穿皱巴巴、质感差、没有版型的衣服。

此外，培训师还要准备好与授课相关的装备，如笔记本电脑、手机、翻页笔、"小蜜蜂"、摄录设备、教学道具等。能自己准备的尽量自己携带，不要依赖客户或助教。同时，这些装备一定要有质量保障，以免因设备出问题而导致出现教学事故。

（二）软包装

培训师的软包装指培训师的软实力，包括从业背景、职称、学历、证书、荣誉、出版物、网络课程、客户见证、课程包、社会身份等。这些软包装可以放在给客户的培训师简介中作为课程卖点，也可以呈现在讲课前的自我介绍中，还可以在互联网上进行宣传推广。

1. 从业背景

从业背景是比较重要的行业背书，比如曾在国内知名企业或世界

第十章
培训师的定位与包装

500强企业任职等，都会给你的履历加分。除了知名企业的工作背景，拥有与客户所在行业相关的从业经历也是可以帮助加分的，如果培训师懂行业，那么客户会更放心。还有给知名客户的培训案例，也是很好的加分项。

2. 职称

拥有专业职称的培训师更容易获得客户的信赖。理论上讲，职称指专业技术人员的专业技术水平、能力，以及成就的等级称号，是专业技术人员技术水平、工作能力的标志。培训师应不断加强专业能力，不断提升职称，为我国的教育与现代化建设贡献更多力量。

3. 学历

培训师作为知识工作者，要不断学习和进步，提升学历和专业技能。

4. 证书

相关证书也是一个加分项，尤其是与培训师所授课程相关的行业证书。但是，有证书不代表就有能力，这一点客户也心知肚明，因此培训师更要有真才实学。某些培训师把证书看得比实际本领还重要，这样便本末倒置了，而且容易被"割韭菜"。

5. 荣誉

荣誉指社会荣誉和行业荣誉。社会荣誉包括在知名杂志担任专栏作者，成为杂志封面人物、电视节目嘉宾，以及与知名网络平台合作成为其签约培训师或主播等。行业荣誉包括在业界获得相关奖项、取得骄人的业绩等，例如获得培训师大赛的冠军、拥有"百强培训师"头衔等。

6. 出版物

培训师撰写并出版相关领域课程内容的著作，会是其重要的实力证明，一来可以作为课程教学的辅助资料，二来可以让学员看到培训师的理论水平，提高培训师的公信力。

7. 网络课程

如果认为出版著作门槛较高，培训师也可以选择录制爆款网络课程。一些客户收到课程推荐后，会到网络上搜索培训师的资料。一旦客户看到培训师在某知名网络平台上的课程播放量达到 10 万 +，客户就会感受到课程的受欢迎程度并认可培训师。所以，培训师应马上行动起来，找到适合自己的网络平台并发布优秀的课程作品，将知识传播给更多的人，这样自己也会受益良多。

8. 客户见证

客户见证是最有效的营销工具，"王婆卖瓜，自卖自夸"是不行的，客户的好口碑才是最值得信赖的。培训师完成一场成功的培训后，可以适当保留一些授课过程中的精彩照片、视频片段、客户评价、学员感言等，以此作为客户见证。

9. 课程包

培训师的主要推广工具就是课程包，如果说培训师是产品，那么课

| 第十章 |
培训师的定位与包装

程包就是产品的说明书。

专业的培训师课程包通常包括三大模块：个人介绍、课程介绍、客户见证。个人介绍是培训师的背景、履历和荣誉等。课程介绍是所有主讲课程的内容介绍、客户目录和受众群体等。以上两项可用 WORD 或 PPT 的方式来呈现。客户见证指培训师服务客户时的现场照片、课程录像片段、学员评价等。

10. 社会身份

有影响力的社会身份能增加客户对培训师的信赖，比如担任某行业协会会长、秘书长、理事长等，或是社会知名组织的发起人、创始人、合伙人、特聘专家等。

以上十大要素是培训师"产品价值"和差异化的具体体现，如果你觉得自己还有所欠缺，那么你需要通过不断学习、积累和参与，让自己的履历更加完美、让自己的优势更加明显。

CHAPTER 11

|第十一章|
培训师就该这样做推广

培训师作为自由职业，没有团队为自己做营销推广，因此需要自我营销。即使经纪公司、培训机构承诺帮培训师做推广，培训师也要尽量做自我营销，因为培训师不像可口可乐、华为手机那样的标准产品，除了自己，别人真的很难将你营销出去。

自我营销是优秀的培训师必须掌握的能力，谁也替代不了！

培训师作为知识工作者，更加依赖打造个人品牌，利用新媒体营销、鱼塘式营销等低成本、高收益、见效快、可持续的营销方式。

一、打造个人品牌

培训师是最需要打造个人品牌的人群之一。

从消费端来看，知识在这个时代变得唾手可得，很多课程早已过剩，在同质化的产品中，个人品牌成为消费者选择的有力武器，客户因为对人的认可而更愿意相信他本人的产品或他推荐的产品。

第十一章
培训师就该这样做推广

从平台端来看，选择有个人品牌的人成本更低、成功率更高，因为他们往往自带流量，有一定的粉丝基础。同时，他们能够做出个人品牌，也说明他们的产品受市场欢迎，是经过检验的，会给平台带来更大的影响力。

尤其在高端服务业，像培训师、咨询顾问、教练等，对打造个人品牌有着强烈的需求。打造个人品牌当然也不局限于线上平台，能够在一个圈子里或一个地域里有影响力，也算是拥有个人品牌。

不过，<u>在移动互联网时代，通过网络打造个人品牌已成为一条捷径</u>。互联网给每个人公平竞争的机会，即使没有强大的背景，没有广阔的人脉，你依然可以依靠自己的才华在互联网上闯出一片天地。如何找到适合自己的媒介并成功打造个人品牌呢？

（一）个人品牌四步法

想打造个人品牌的人那么多，如何才能脱颖而出呢？可以采用个人品牌四步法。

1. 持续产出高质量的内容，比出一个爆款更重要

写出一篇爆款文章或做出一个爆款视频会让你很开心，但随着时间的推移，爆款的影响力会越来越低，想依靠一个爆款就成功打造个人品牌不太现实。假设你写出一篇爆款文章能够为你带来1000个粉丝，依此计算，1万个粉丝需要你写出10篇这样的文章，10万个粉丝需要你写出100篇这样的文章。因此，谁能够持续产出高质量的内容，谁就能笑到最后。再者，平台很看重一个人稳定的输出能力，只有你具备这样的能力，平台才能把宝贵的流量倾斜给你，而往往一次流量倾斜就可能抵得上你默默付出一年。

一位优秀的培训师本就应该具备强大的创作能力。在创作过程中，培训师不仅可以梳理自己的知识体系，打磨自己的内容，还可以让自己的影响力变大，这是一举两得的好事。

2. 确定内容和形式，流水化生产

培训师要根据自己的定位确定主要创作方向，并持续地围绕这个方向进行创作。培训师在创作时要注意三点：

第一，创作方向要与自己的定位相吻合，可以将定位细化为几个关键词。例如，金融培训师可以围绕投资、理财、财商、风控等关键词进行创作。如果金融培训师根据自己的兴趣随心所欲地产出情感、历史、游戏等方面的内容，就无法打造个人品牌。

第二，不仅要有专业积累，还要有适合大众传播的技能，要用老百姓喜闻乐见的方式传播知识，否则创作再多也是在做无用功。大众传播的技能包括会写文章、会写段子、会作图、会朗读、会演讲、会辩论等。培训师还要根据适合自己的大众传播技能来选择合适的平台和内容呈现形式。

第三，内容的呈现形式包含文章、图片、动画、短视频、直播等，建议重点选择其中一种形式，以统一风格。

打造个人品牌的大众传播技能及适合的平台如表11.1所示。

第十一章
培训师就该这样做推广

表 11.1　打造个人品牌的大众传播技能及适合的平台

技能类型	适合发展的平台
会写文章	微信公众号、今日头条、百家号、知乎
会写段子	微博、微信个人号、微信群
会图解	形式为条漫、动漫、PPT、手账、思维导图等，适合微博、微信群
会写书	图书出版，努力写出畅销书
声音好听	喜马拉雅、蜻蜓FM、懒人听书
会演讲	线下大型公开课或各类兴趣社团
爱分享	各类直播平台、微信群
会表演	抖音、快手、B站等短视频平台
会种草	小红书、抖音、微信群

3. 要给内容加上鲜明的个人风格，才能脱颖而出

知识爆炸的年代，并不缺乏好的知识，但是只有能被人吸收与记住的知识才有价值。培训师不仅要有专业知识积累，还要有个人风格，这样才能让人记住。成功打造个人品牌的大咖们，哪一个没有鲜明的个人风格？薛兆丰是一位经济学教授，他把经济学用大家都能听得懂的话说出来、讲明白，让人印象深刻；罗翔老师让很多人爱上刑法知识学习；知名知识大咖秋叶大叔，操着一口"大舌头"的普通话，反而让更多人记住了他；樊登、罗永浩、罗振宇等，都有自己鲜明的风格。

4. 不要一开始就企图多平台卡位，要先打爆一个平台

先在某个平台做到头部，让更多人看到你，这样更容易被其他平台认可。例如，罗振宇在2012年抓住了优酷视频的机会做出了罗辑思维，吴晓波在2014年抓住了微信公众号的机会，樊登读书会在2015年抓住了知识付费的机会，混沌大学在 2015 年借助社群完成了线下学习到线上学习的转型。如果在一个平台上拥有影响力，那么其他平台也会关注到你，从而为你提供更广阔的发展空间。

如今的互联网环境为培训师提供了绝好的发展土壤，培训师可以在自媒体平台上施展才华，可以写文章、录音频、做视频、做直播、做社群等，成功的道路非常多。

（二）取一个 IP 好名字

人们对一个人的印象，首先源自名字。拥有个人品牌的人，名字就是一个 IP。IP 是英文 "Intellectual Property" 的缩写，直译为"知识产权"，互联网界的"IP"可以理解为所有成名文创（文学、影视、动漫、游戏等）作品的统称。有影响力的商品拥有品牌 IP，有影响力的人拥有个人 IP。培训师要打造个人 IP，一个好名字非常重要，取名要符合以下几个规则。

第一，易记性。在移动互联网时代，名字好不好听其实并不重要，好记才是王道。好名字不需要有多么深厚的文化积淀，也不需要多么文艺，最重要的是让人一听就知道怎么写，一听就能记住。

第二，唯一性。取名字虽然要遵循简单好记的原则，但也不能取没有辨识度、用得太多的名字，比如小王老师、小刘老师就非常不利于宣传。好名字要尽量具备唯一性。

第三，关联性。如果名字能够和培训师的课程或专业相关联，那么名字就是一个天然的广告，润物细无声地做了推广。这类 IP 名可遇不可求，往往取自本名中的一两个字或谐音。若与本名毫无联系，则显得

第十一章
培训师就该这样做推广

刻意，甚至会降低人们的信任度。

怎样取出得体的好名字？这里分享八种常用策略。

1. 叠字名

最简单的方法是在自己的名字里找一个字用来叠字，这样又好记又好听，别人读起来也非常亲切，没有距离感。例如：君君、欢欢、乐乐、笑笑、酸酸、甜甜、三三、双双等。叠字名所用的字最好是发音为一声和二声的字，读起来更加响亮。叠字名尤其适合年轻培训师与女性培训师。

2. 大与小

名字里有"大"或"小"的，一般都简单好记又能拉近距离，例如大嘴、大鹏、大兵、大头、小爱、小度、小米、小北等。

3. 动物类

使用动物名能够激起人们的想象力，非常生动好记。如果动物的某些特征能与培训师本人联系起来，就更妙了。要尽量使用有美好意义的动物，不要使用大家普遍不喜欢或长相过于狰狞的动物。例如，燕子、蝴蝶、蜜蜂、老虎、老狼、考拉、蚂蚁、凤凰、杜鹃、喜鹊等，都是可以使用的名字。

4. 物件类

可以使用生活中常见的物件取名，如鼠标、键盘、飞机、坦克、火箭、彩铃等。

5. 食物类

以食物名命名能够激起人们的味觉，显得亲切可爱。很多明星的粉丝团都是用食物名命名的。苹果、荔枝、馒头、烧饼、橙子、柠檬、西瓜、桃子、樱桃等，都是可以使用的名字。

7. 地名类

可以使用耳熟能详的地名来取名，如小东北、长江、江南、大庆、小北京、小四川等。

8. 数字类

数字在互联网时代特别受欢迎，一来数字读起来朗朗上口，二来数字在众多汉字中非常醒目，一目了然。

此外，特别提醒大家，要提前为名字申请商标，以防产生纠纷或被他人抢注。本书作者"曹大嘴"和"傅一声"的名字都提前申请了"35类"及"41类"商标，两位作者在教育培训与网络宣传领域对自己的名字有绝对的使用权。

（三）用标签完成"卡位"

培训师除了需要让人记住名字，还需要让人记住标签。所谓标签，就是让别人记住你的关键词。要让别人一想到某个关键词就想到你。例

第十一章
培训师就该这样做推广

如，大家一想到中国式管理就想到曾仕强老师，一想到读书就想到樊登老师，等等。

前几年有一个词很流行，那就是"斜杠青年"。它指一个人拥有多个身份与头衔，可能在某企业上班，同时又是绘画达人、自媒体达人、育儿师等。这么多头衔，乍看起来很厉害，但实际上没有一个能让人完全记住的标签。

标签在于精而不在于多，要给用户一个记忆点。当越来越多的人知道并认可你，并且把某个标签和你画上等号时，你就算在这个领域占据了一定的位置，即卡位成功。

在一个领域卡位并不容易，"要么做第一，要么做唯一"，得付出很多。正因为不容易，所以一旦卡位成功，它所带来的好处也是不可限量的。

除了卡位自己的主标签，培训师还需要一些副标签。主标签可以体现培训师的专业性，副标签可以让人感觉培训师是一个有个性、有温度的人。

对比一下，在你面前有两位培训师，都是非常专业的新媒体营销培训师，第一位一本正经，不苟言笑；第二位除了专业，上课还特别幽默，很受中老年女性喜爱，被称为"妇女之友"。请问，学员更喜欢哪位？

根据我们对学员的调研，喜欢第二位的更多。除了主标签，培训师还可以创造一些副标签。这些副标签可能是一些闪光点，也可能是一些小缺点，但无疑都让人觉得这个人更真实，并且这些特点中有很多能够引起人们的共鸣。别人能和你产生共鸣的点越多，就越容易喜欢上你，这个现象在心理学上被称为"巴纳姆效应"。

读到这里，请思考：你的主标签和副标签是什么？

（四）讲一个好故事

让陌生人了解并认同你，最快的方式是给他们讲一个好故事。人们天生喜欢听故事，将自己的经历、优势、价值观通过故事的形式表达出来，更容易引起他们的共鸣，更加具有感染力和传播度。

如何讲好一个故事呢？下面我们展示一个故事版的自我介绍。为了便于大家理解自我介绍的结构，我们用序号进行分段。

（1）大家好，我是傅老师，我从小就有一个理想，那就是成为全世界最有影响力的培训师。

（2）2019年，我辞去了所有工作，正式成为职业培训师。2020年我正准备大干一场的时候，就遇到了一场席卷全球的新冠肺炎疫情，线下培训一度无法开展。

（3）线下干不了就做线上。从正月初八开始，我就在老家开展直播。家里网速不好，且除了一台笔记本电脑，没有任何直播设备，我就在这样简陋的条件下每天坚持直播。

（4）刚开始，大家还不太能接受直播授课，都在等新冠肺炎疫情过去之后再开展线下培训。所以，那时候听课人数很少，直播最惨的一次是0人观看，我每天就对着"空气"讲4个小时。

（5）后来，上海培训协会邀请我给培训师同行们讲讲如何转型线上直播，我讲了3场，收获了很多粉丝。我觉得干脆多做些公益，于是又为其他培训协会、企业协会等圈子开展公益直播，教更多人在困难时期

第十一章
培训师就该这样做推广

转型互联网直播授课。一系列的活动使我收获了众多粉丝，帮我打造出了影响力。很多人一想到直播，一想到新媒体，就想到我。

（6）2020年2月底，海尔集团邀请我给全国的员工、经销商培训直播带货。后来我的直播课就火了，最多的时候我一天要给4家大企业上课，我服务于联想集团、中国工商银行、招商银行、中国联通、中国移动、中石油等大企业。我国抗疫取得重大胜利后，线下培训逐渐放开，由于我在直播中积累了口碑与粉丝，因此我的线下课立马排满了。

（7）我在2020年下半年的课量超过了100天，2021年的返聘率也极高，一般要提前两个月预约，经常是白天现场培训、晚上直播培训。因为新冠肺炎疫情期间的公益直播，我迅速提升了知名度，打造出了个人品牌，完成了职业生涯的跃迁。

以上的自我介绍就是一个故事，傅老师通过讲述自己的亲身经历来做自我介绍，有头有尾，情节丰富，数据翔实，比单纯的自报家门更有吸引力和说服力。

个人要有个人故事，公司要有创始人故事，品牌要有品牌故事。如何讲好一个故事呢？从上述案例中，我们可以总结出讲好故事的七个步骤。这个模型来源于被称为"台湾最会讲故事的人"——许荣哲。他说，讲好一个故事只要说清楚七个问题：目标、障碍、努力、结果、意外、转弯、结局。

下列序号与上述自我介绍内容的序号一一对应，大家读完这七点后可以验证一下。

（1）"目标"是什么？一般会提出一个较高的目标，最好是能够引起他人共鸣的目标。

（2）"阻碍"是什么？想要实现目标，可是面临重重困难，阻碍与目标之间的差距便形成了巨大的冲突，冲突是提升故事吸引力的重要因素之一。

（3）如何"努力"？为了达成目标，开始克服阻碍，不断努力。努力的过程应该跌宕起伏、充满坎坷。

（4）"结果"如何？也就是经过努力，达到了怎样的效果。通常是不好的结果，或小有成就之后，又跌落谷底。

（5）超越努力的"意外"可以改变结果吗？一个意外的人或一件意外的事，给主人公带来了转机。

（6）意外发生，情节会如何"转弯"？因为意外，打开了全新的局面，进入了另外一番景象。

（7）最后的"结局"是什么？应该是一个美好的结局。

傅老师的自我介绍便是完整地按照这个模板进行编写的。除此之外，大家可以拆解下，古今中外的电影、电视剧情节是否大多数也是按照这个故事模板编排的？大家可以尝试用上述七个步骤写出自己的故事。

（五）培训师如何出书

每位培训师都应该有一本自己撰写的书，为什么呢？培训师出书有什么好处呢？

（1）通过图书把自己的知识、经验传播给更多人，带来更大的社会价值；

（2）书便于流通，且能够服务预算不足的客户和偏远地区的客户，

第十一章
培训师就该这样做推广

具有普惠性；

（3）培训师讲课时可以把自己的书作为奖品送给学员，以激励学员、活跃课堂氛围、提升学员的体验感；

（4）书能提升培训师的专业可信度；

（5）出版图书有一定的版税收入。

截至2022年，曹老师出版的著作已达11部，傅老师也已出版了3部，两人合著的《鱼塘式营销》和《大客户营销》都有不错的销量，尤其是《鱼塘式营销》常年排在畅销榜前列。有很多培训师朋友来问我们：到底怎样才能出一本书？

其实，每一位资深职业培训师的成熟课程，都可以写成一本书。通常两天的课，讲12个小时，假如其中8小时是培训师纯粹的讲课时间，按220字/分钟的语速来计算，那就是10万字左右，刚好是一本正常出版物的字数，并且这些内容经过市场的千锤百炼，是被市场验证过有价值的内容。所以，培训师天然拥有图书的内容。

说起来容易，做起来还是有点难度的。对于很多没有写作经验的培训师来说，难度更高。

如何才能写出一本颇受市场欢迎的畅销书呢？这里有几个步骤。

1. 确定书名

定书名是出版图书的第一步，也是最重要的一步。书名意味着对内容的定位，也意味着写给谁看。书名起得好就等于成功了一半，书名不好则很难吸引读者，更不要说形成销售了。现在的图书在很大程度上要靠网络平台销售，读者往往先看书名再确定是否进一步了解具体内容。

可见，书名对销量有多重要。

例如《鱼塘式营销：小成本撬动大流量》，主书名"鱼塘式营销"告诉读者这是一本讲营销的书，副书名"小成本撬动大流量"则告诉读者本书能解决营销中的痛点——缺流量。这本书光靠书名就能吸引一大批读者，再加上内容干货多、与时俱进、实用性强，吸引了大批读者为其买单。

2. 图书简介

定好书名后，要撰写图书简介。图书简介至少应包含主要内容介绍、选题背景、作者背景、目标读者、预计字数、预计出版册数、图书亮点和卖点等，字数尽量控制在2000字以内，突出重点，还要与同类书进行对比分析，以打动出版社的编辑。

3. 设计目录

目录要进行分级，一般至少要有一级目录和二级目录。设计目录要注意三个方面。

（1）逻辑性强

设计目录时可以采用"思维导图"或"逻辑树"，先列出"主干"部分，即章名，再列出"枝叶"部分，即每章中的小节名。章与章之间要有一定的逻辑关系，小节的内容是对章的详细阐述。

比如《鱼塘式营销：小成本撬动大流量》这本书，分为六章，依次都是层层递进的关系。

第一章，鱼儿：细分定位，锁定精准客户；

第二章，鱼塘：找对客户群，让营销有的放矢；

第三章，塘主：从塘主合作到自建鱼塘；

第四章，鱼饵：巧设卖点，让客户蜂拥而至；

第五章，钓鱼：黄金五步法，大幅提高成交率；

第六章，养鱼：极致体验，带来持续变现。

每章的章名都要有一定的"吸睛"作用，而小节的标题也要突显文章内容。

(2) 实用性强

目录要能让读者看出书中的主要干货，能解决哪些痛点，是否与自己息息相关，而不要泛泛而谈。

(3) 案例丰富

如果目录能体现案例和实操部分就更好了，这些可以在小节的标题中有所体现。

字数与章节的关系也要考虑进去，设计章节的时候就要注意控制字数。

4. 撰写样章

做好以上工作后，你就可以开始撰写样章了。样章指作者先写出一部分有代表性的内容作为写作样本。样章是写给出版社编辑看的，让他们了解作者的构思、内容价值、写作水平等，以便评估该书是否值得出版。

样章非常关键，其好坏在很大程度上决定图书是否能够出版。写样章要注意点什么呢？首先，要找最精彩的一章写，不一定非要写开头的章节，你觉得哪个章节最精彩、最能打动人、实用性最强，就写哪个章节。其次，字数要按照出版社的要求去控制，以便于评估。最后，写作与讲课不一样，写作要尽量用书面语，避免使用过多口语。当然，如果作者已经完成了所有书稿，也可以将全部书稿提交给出版社，以便他们做全书评估。

5. 找出版社

图书出版要寻找正规的出版社，例如电子工业出版社、北京大学出版社、中信出版社等，不要轻信市面上的各种出版中介，否则很容易上当受骗。那么怎么联系这些出版社呢？如果你没有认识的出版社编辑，最简单的方法便是登录出版社的官方网站，一般上面都有"网上投稿"窗口。如果你的作品没有获得出版社的认可，你还可以选择网络渠道，比如当当网就有"作家申请"的通道，还有起点中文网、红袖添香、晋江文学，都有注册成为作家的端口。然后你需要在网络上进行连载，等待伯乐的出现。很多大流量的文学网站中都"潜伏"着不少出版社的精英编辑，他们一旦看到好作品，就会主动联系作者。如果你对你的作品有信心，完全可以一试身手。

6. 签约

一旦找到合适的出版社，通过了出版社的选题论证，与出版社达成了合作共识，就可以签订正式约稿合同或出版合同了。

7. 从写稿到印制

全书写作完毕后，把书稿提交给出版社，经过出版社三审三校等一系列出版流程，书就可以开始印制了。

二、新媒体营销

培训师打造个人品牌，非一日之功，需要付出大量的时间与精力，甚至需要数十年磨一剑。在打造个人品牌的过程中，培训师需要用到很多新媒体营销的方法来强化自己的标签，丰富自己的人设，提升自己的影响力。

这里即将介绍的新媒体营销方法适合所有培训师。对于新手培训师而言，这些方法可以快速推广自己，提升课量和知名度；对于资深培训师而言，这些方法能够强化自己的已有优势，提升自身价值。

新媒体营销的本质是通过网络传播让更多人认识并认可自己。过去人们见面时会互相交换名片，通过名片来认识对方。如今人们的主要社交活动在网上，"名片"也放到了网络上，并且在科技的加持下有了更多的模式和玩法。

培训师要做好新媒体营销，可以从这四张"名片"入手。

（一）百度百科——信用名片

网络上信息纷繁复杂，真假难辨。在众多网络宣传端口中，有没有一个平台具有较强公信力，门槛又没有那么高呢？有，那就是百度百科。

"世界很复杂，百度更懂你"，百度百科旨在创造一个涵盖各领域知识的中文信息收集平台。相较于其他网站，百度百科信息的真实性与权威性比较受大众的认可。尤其是近年来，百度百科的审核力度越来越大，门槛一点点提高，只有具有一定身份与地位的人，才能够拥有自己的百度百科词条。

对于培训师而言，让自己的名字成为百度百科词条，具有非同凡响的作用。我们发现，客户在选择培训师时，经常会上网搜索该培训师。学员上课时也会上网搜索培训师来验证其实力。如果培训师拥有百度百科词条，其魅力值将大大提升。

本书两位作者都有自己的百度百科词条，分别为"曹恒山"与"傅一声"，如下图所示。

曹恒山 语音 编辑 讨论 上传视频

曹恒山，[1] 笔名曹大嘴，男，南通理工学院企业发展研究院院长 [2]，中国高级注册培训师、国家二级心理咨询师、实用性格学专家、国际认证催眠师、中国著名实战派营销培训大师。

中文名	曹恒山	职 业	中国高级注册培训师
别 名	曹大嘴	代表作品	《享受拒绝》等
目 录	1 简介 2 讲课区域 3 主要著作	4 出版图书 5 主要课程 6 宗旨	7 智慧摘录

傅一声 语音 编辑 讨论 上传视频

傅一声，原名傅建忠，汉族，中共党员，现任南通理工学院创新创业学院副院长职务 [1]。《鱼塘式营销：小成本撬动大流量》的作者 [2]，《大客户营销》的作者 [3]。

中文名	傅一声 [1]	职 务	创新创业学院副院长 [1]
国 籍	中国	主要成就	《鱼塘式营销：小成本撬动大流量》[2]
民 族	汉	单 位	南通理工学院

百度百科是百度公司推出的一部内容开放、自由的网络百科全书。培训师自己便可以在百度百科上创建自己的同名词条。

第十一章
培训师就该这样做推广

百度百科的词条创建与修改是一项专业活儿，需要严格遵守平台规范与要求。在此，我们将创建百度百科词条的步骤与经验分享给大家。

第一步：<u>搜索词条，创建或添加义项</u>。

在百度百科中搜索你想要的词条。如果没有，就可以创建新词条；如果已经收录了同名的其他义项，就可以点击义项选择区的"添加义项"。

要注意，只有满足百度百科所有收录规则的词条才能被写进百度百科。百度百科收录原则主要包括：词条名规范；符合客观事实；内容来源可查证；词条结构完整。

第二步：<u>编辑内容，有理有据</u>。

编辑的内容主要包含：

（1）词条。词条是对单一事物内容的介绍，如人物、事件、物体等。百度百科规范的词条名是一个专有名词，要使用正式的全称或广为人知的常见名。培训师可以使用自己的本名或艺名作为词条。

（2）主题。人物类词条主要包含作家、明星、教师、企业家、运动员等主题。

（3）人物基本信息。主要包括姓名、生卒年月、性别、国籍、籍贯、职业，以及生平经历、代表作品、获奖情况等。

（4）参考资料。一个合格的百度百科词条不仅要有丰富的内容，还要有权威的参考资料来证明其内容的真实性。这是成功创建最关键的部分，参考资料决定了该词条能否通过审核。如今百度百科审核非常严格，你编写的每句话都需要在参考资料中找到可以佐证的内容。

第三步：<u>预览效果，提交词条</u>。

编辑后，可以点击右上角的"预览"查看整体效果，看看目录结构是否一致，排版是否美观，没问题后再点击"提交"。

第四步：等待审核，反复修改。

提交后需等待系统审核，可以在"待通过版本"中看到已经提交的版本。通过后，你会收到提示，该内容会成为词条的最新版本。如果审核没通过，你需要依照未通过原因进行修改，直到通过为止。

（二）微信——人脉名片

如今，人们一见面就习惯互加微信。有了微信，人们可以互相聊天、通话、发送资料、查看朋友圈、进微信群社交等。微信是一张人脉名片，培训师用好它需要重点把握如下两点。

1. 用好微信昵称

很多人忽略了微信昵称的重要性。微信昵称其实是最常用的一张名片，它不仅出现在好友的通信录里，更重要的是每次聊天时它都会出现在对话窗口里，朋友圈里的每一次互动也会出现微信昵称。微信昵称简直就是一块免费的广告牌。

如果别人一看到你的微信昵称，就能够记住你的名字，并且迅速知道你是做什么的，它就产生了极好的广告效果。

2. 通过朋友圈来强化自己的标签与人设

想了解一个陌生人，我们往往会翻看他的朋友圈来获取一些信息。朋友圈是培训师做新媒体营销的主要阵地之一。

第十一章
培训师就该这样做推广

培训师要通过朋友圈塑造一个丰满的形象，让人觉得你是一个有血有肉的人。朋友圈的内容应尽量多元化，如果只有工作或专业内容，培训师的人设就是不丰满的，会给人距离感。

培训师该如何发朋友圈呢？我们建议发布以下九个方面的内容。

(1) 晒课堂。分享培训时的照片或小视频，以展示课堂风采和课程的受欢迎程度。比如，培训师可以在快上课时发一条朋友圈表示自己即将上课；在课间休息时把课堂中的精彩瞬间分享出来；在课后发学员合影或学员好评等。如果视频太长，可以先发在微信视频号上，然后转发到朋友圈。

(2) 晒大咖。分享与专业大咖的合影或交流，以展示培训师的专业圈子。

(3) 晒观点。主动分享自己专业领域的深度内容，包括文字、视频等，或转发相关文章。

(4) 晒客户见证。分享适合公开的聊天记录（敏感信息需提前处理）、客户的好评、与客户之间的故事等。

(5) 晒学习。展示自己在不断学习与精进，可以晒自己的学习收获。

(6) 晒自拍。偶尔晒晒自己的生活照，会让自己的形象更加有血有肉。如果偶尔还能自嘲一下，效果会更好。

(7) 晒生活。可以偶尔晒晒孩子、家人、宠物、美景等。

(8) 晒感想。写一些走心的感想，更容易让人看到你的价值观，触发共鸣。

(9) 晒幽默。可以分享一些贴近生活的搞笑段子、小视频等，以展示你的幽默感。

案例：一条朋友圈带来 5 个客户

2020 年 9 月 14 日，傅老师给华夏银行客户上完课后发了一条朋友圈，如下图所示。该朋友圈既体现了专业性，也体现了生活性，获得了不少微信好友的点赞与评论（如下图）。其中评论区里有 3 位朋友找到了共鸣，看到了合作机会，还有 5 家培训机构找傅老师私聊合作。最后，傅老师在两个月内一共与 5 位微信好友产生了实际合作。这 5 位客户中，有 3 位与傅老师素未谋面，并且之前在微信上都没有说过话。

作为培训师的你，千万不要单纯地把朋友圈当作自己的"生活圈"，它其实还是一个非常重要的"商务圈"！

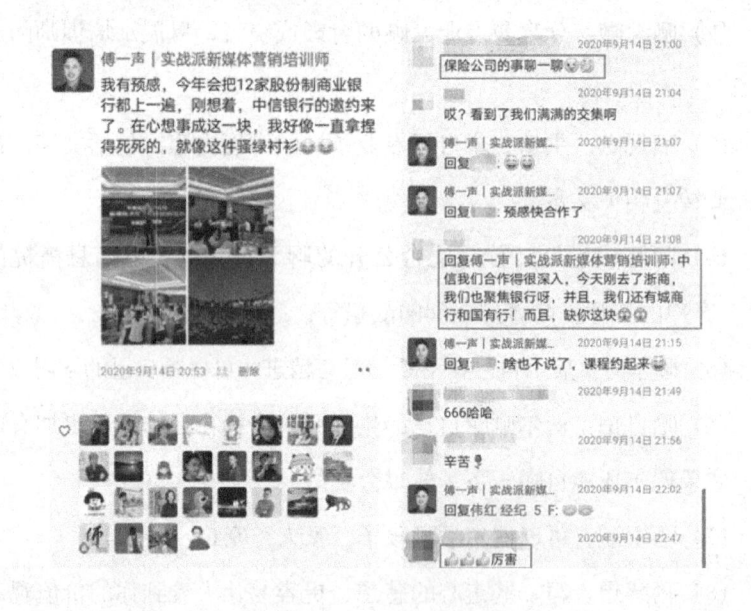

（三）微博——身份名片

在众多自媒体平台中，微博依然是最有影响力的平台之一。对于培

第十一章
培训师就该这样做推广

训师而言，把抖音、微信公众号做得再出色，也不应该忘记运营微博。

2019年，世界500强公司西门子公司的某市场负责人在互联网上看到傅老师发表的关于营销的精彩文章，于是想请傅老师去讲课。但傅老师的文章中并没有留下联系方式，于是他便上微博搜索，果然找到了傅老师的微博号，还通过微博私信交换了微信号，最后落实了企业培训。傅老师在知乎、今日头条、百家号、凤凰号、喜马拉雅等平台上都发表过文章，客户最后都统一通过微博来联络他，可见运营微博的重要性。

培训师如何运营好微博呢？需要注意四个关键点。

第一，微博名最好是自己的名字，否则别人很难搜索到。此外，还要对账号进行认证，以方便客户确认准确账号。

第二，保持活跃度。新浪微博非常看重博主的活跃度，那么如何评判一个博主的活跃度呢？主要看他发布的内容、转发、点赞、评论的数量。所以，培训师除发布原创内容外，还要多看看其他人的内容，并且养成点赞、评论、转发的好习惯。

第三，多参与官方活动。微博平台的流量分配机制已经从"去中心化"变成"中心化"，也就是说，平台的流量由官方进行分配，官方会定期做一些活动。博主积极参与这些活动，就能够获得更多的流量扶持，反之则运营效果较差。

第四，与粉丝保持良好互动。博主应及时回复粉丝的评论，可通过微博群、抽奖、投票等方式加强与粉丝的黏性。

（四）自媒体——网红名片

除了以上平台，培训师还可以选择一个自媒体平台进行创作，如今日头条、抖音、喜马拉雅、知乎等。这些平台都有一个共同的特点——以内容为导向，只要我们能够生产出爆款内容，就可以为自己获得大量的精准粉丝，带来很多的流量与强大的背书。

需要注意的是，不同平台倾向于不同的内容类型，详见表11.2。

表11.2　各平台适合的内容及运营关键

平台名	适合的内容类型	运营的关键
微博	适合短内容，需积极参加平台的活动	话题导向
今日头条	可以发表微头条、问答、文章与视频，各领域都有机会	做出爆款内容
西瓜视频	适合发布3～10分钟的中视频，平台鼓励教育、知识、投资理财等内容	做出爆款内容
知乎	适合发布深度问答或文章，内容需质量高、时效性长、可持续被推荐	高质量
抖音	适合短视频和直播，热点效应明显	热点导向
快手	适合真人短视频和直播，平台优先扶持电商	粉丝黏性
微信公众号	适合长图文，平台开始引入推荐机制	稳定输出
微信视频号	适合短视频和中视频，平台有推荐机制	社交传播为主
百家号	创作方向多，有百度搜索的流量支持	结合搜索引擎关键词
小红书	适合文字与短视频，生活技巧、知识分享、产品种草、女性话题比较受欢迎	真情实感
B站	适合动漫、游戏、才艺、知识类的视频	硬核内容
同花顺	适合财经类内容，优秀创作者有直播扶持	财经分析

三、鱼塘式营销

培训师除了要做新媒体营销，还要做线下营销。如今，线上和线下早已充分融合，只有将线上与线下相结合，营销才能发挥最大的作用。培训师该如何进行线上线下营销呢？推荐使用"鱼塘式营销"模式。

"鱼塘式营销"是一套非常高效的营销模式，众多企业与营销高手都在使用。电子工业出版社于 2019 年出版了《鱼塘式营销：小成本撬动大流量》一书，其中讲述了六个关键的营销模块。

1.鱼儿。"鱼塘式营销"形象地把精准客户比作鱼儿。

对于培训师而言，鱼儿包含企业、培训机构和经纪公司。培训师应准确地定位自己的主要客户群，细化出自己的"鲨鱼客户""鲸鱼客户""草鱼客户"和"小鱼客户"，做到精准打击，有的放矢。

2.鱼塘。鱼儿生活在哪里？水里。只要找到鱼塘，就可以找到鱼儿。"鱼塘"是精准客户的聚集地。

从不同的维度对鱼塘进行不同的分类。例如：根据"鱼儿的稳定性"来分类，鱼塘可以分为临时型鱼塘、周期型鱼塘和长期型鱼塘；根据渠道来分类，鱼塘可以分为线下鱼塘和线上鱼塘；根据鱼塘的控制权来分类，鱼塘又可以分为他人的鱼塘和自己的鱼塘。找到合适的鱼塘是营销中最关键的环节。

对培训师而言，培训协会、比赛、沙龙、各类社群，都属于鱼塘。不同类型的鱼塘有各自适合的营销策略，这里不展开讲，读者可以查阅《鱼塘式营销：小成本撬动大流量》这本书。

3.塘主。鱼塘的"主人"或"管理员"被称为"塘主"。

有的鱼塘是没有塘主的，例如抖音、微博等公域流量平台。更多的鱼塘是有塘主的，如微信群、QQ群等地域流量平台。群主、管理员、有较大话语权的成员，都算塘主。协会会长、秘书长、理事会成员等是协会的塘主。当然，如果是自建的鱼塘，那么自己就是塘主。

4.鱼饵。鱼饵是用来把"鱼儿"从鱼塘引流到私域流量平台或让"鱼儿"与我们建立联络的事物。

鱼饵可以是一个赠品，也可以是产品的一部分。鱼塘式营销重在引流，鱼饵则是引流成败的关键。引流能否成功，关键看是否选对了鱼饵。很多培训师赠送的网课、资料、免费沙龙学习等，都属于鱼饵。

5.养鱼。无论已经成交的客户，还是没有成交的客户，只要有过接触，就需要通过各种方式维护好彼此的关系，不断增强信任感与用户黏性，这个过程就是养鱼。

6.钓鱼。钓鱼指与客户顺利成交或完成返聘。培训师作为知识工作者，客户采购的最主要因素是信任。信任度达到了，成交便水到渠成。因此，培训师应该"养好鱼"，这样钓鱼这一步会变得非常容易。

CHAPTER 12

|第十二章|
培训师线上转型之道

一、线上课的作用

线上课泛指通过互联网开展的培训课程，包含微课、网课、在线咨询、直播等。如今，线上授课技能已经成为培训师越来越重要的技能，很多培训师都在尝试"线上与线下相结合"的混合式教学，他们拥抱变化，努力转型。线上授课技能将成为培训师安身立命的必备技能。

然而，很多培训师对线上课的意识仍然十分薄弱，高喊着"线上培训无法替代线下培训"的口号，不愿意走出"舒适区"（指一个人所表现的心理状态和习惯性的行为模式。在这个区域里，人们会觉得舒服、放松、稳定、能够掌控、很有安全感。一旦走出这个区域，人们就会感到别扭、不舒服或不习惯）。为此，本书将说明线上课的重要价值。

1. 不受时空限制，共享课程资源

线上课不受时间和空间的制约，能让更多学员同时接受培训，对企业与学员而言，都是一件好事。例如傅老师在 2020 年 2 月为海尔集团所做的短视频与直播的培训，海尔集团分布在全国各地的 4 万名员工、经销商、直销员同步学习。学习完直播带货技巧后，海尔集团开启全员直播。海尔冰箱在 2 月 21 日直播时的同时在线观看人数最高达 10 万人，最终实现两小时销售额 2595 万元的好成绩。傅老师的直播课帮助海尔集团在新冠肺炎疫情期间克服了困难，开启了网络卖货新渠道。如果是线下培训，4 万名学员要安排多少场培训？又如何能够解新冠肺炎疫情期间销售难的燃眉之急呢？

2. 节省金钱、时间成本

企业开展培训的成本并不低，除了培训师的课酬，还有场地费、餐饮费等。如果组织各地分公司的员工集中培训，企业还需要承担差旅费、食宿费等。除了金钱成本，时间成本、组织协调的人力成本也不低。线上课则省去了场地、差旅、食宿等方面的费用，时间也更灵活，能为企业节约大量培训成本。

3. 可以反复观看课程

大多数网络授课平台都支持课程回放，这样有两个好处：一是解决了部分学员因时间冲突而无法参加培训的难题，因为他们可以选择回看；二是学员可以温故知新，尤其是在培训后遇到相关问题时回看一遍课程，在实践中反思，效果更好。

4. 混合式培训，满足个性化需求

线下培训与线上培训相结合是培训行业的大势所趋，两者相互补充、相互融合，可让培训课程更丰富、更持久。

5. 有利于培训师成功推广自己的课程

线上课边际成本低、有利于网络传播等特性，使得培训师可以充分利用线上课推广自己。一些免费课或低价课可让更多客户"尝鲜"。试听课还可以让客户真正地了解培训师与课程，有利于课程的推广与销售。

6. 扩大个人影响力

如果能够在网上持续生产与传播优质的内容，就能够持续扩大个人影响力。在一定程度上，培训师拼的就是个人影响力。影响力越高的培训师，便能够拥有越多的授课量、收获越高的课酬。

7. 线上磨课，自我提升

对于新开发的课程，怎样能确保培训时不"翻车"呢？新手培训师没有太多的授课量，如何让自己的课程越练越精呢？磨课是最有效的解决方式之一。磨课指对课程进行反复推敲与试讲，磨课可以是课程研发中的碰撞、课程呈现前的演练，也可以是课程结束后的复盘。

线下组织一次磨课非常不易，但是线上则变得更加容易，也能让更多的人有观看的机会，进而收集反馈意见。2020年春季，线下培训

一度无法开展，培训师纷纷尝试线上授课。傅老师为了让自己的直播课更好，几乎每天都会在网上磨课。有一天，虽然只有一个人在观看，但是傅老师仍如往常一样讲了4个小时。最终，傅老师的直播课效果特别好，这源于他默默地反复打磨。

8. 增加培训机会

线下培训中，不少培训因参与人数少、组织成本高、时间难以协调等原因而无法开展，线上培训则增加了培训师的培训机会。

例如傅老师的新媒体营销课程，很多企业的分公司希望负责新媒体运营的人员来学习，可是如果该岗位人数太少，组织线下培训就显得很不划算，而如果能够让各分公司的相关人员在网上上课，客户就非常愿意开展这个培训。傅老师给中国移动终端公司的培训就集合了全国各个省公司的学员，给招商银行的"主播养成记"培训则挑选了该银行在全国各个网点的业务骨干参加。在新冠肺炎疫情期间，学员不便于外出学习，线上培训既遵守了防疫要求，又让员工获得了学习的机会。

9. 沉淀产品

培训师有一个较为明显的天花板，即线下讲完课后，内容无法沉淀下来。线上课则可以让课程、数据、口碑保留下来，将自己的智慧进行沉淀，打磨成产品，多途径使用，实现进一步传播和变现。

二、线上课的分类

目前线上课种类繁多，形式丰富，这与近年来我国科技进步、知识付费快速发展息息相关。从课程内容的呈现形式上划分，线上课主要有图文专栏、语音录播、视频录播、语音直播、视频直播、线上训练营、打卡、付费会员等形式。

这么多的线上课形式，到底哪一种效果最好呢？培训师需要学会哪些授课形式呢？答案是：没有最好，只有最合适。应根据不同的课程调整适合的线上课形式，例如，讲授知识型内容的课程可以用语音录播，学员可以在开车、走路时学习，而讲授制作 PPT、Excel 等内容的操作型课程则需要通过视频来演示具体操作。培训师也需要根据自己的优势、特色、团队来选择线上课形式，例如，有的培训师镜头感好，就适合真人出镜做直播，而有的培训师一面对镜头就紧张，就不适合这样的形式。

各种形式的线上课的适用范围、对培训师能力的要求、对团队的要求、课程制作与推广的策略都不同，详见表 12.1。

表 12.1 各种形式的线上课

线上课形式	输出方式	适合内容	优势	劣势或挑战	对培训师的要求
图文专栏	文章	适合文字和图片较多的付费内容	制作门槛低，便于修改与更新	感官体验一般，缺乏互动	擅长文字写作

续表

线上课形式	输出方式	适合内容	优势	劣势或挑战	对培训师的要求
语音录播	音频	知识、理念性内容	适合学员在乘坐交通工具、排队时收听	缺乏视觉冲击，重难点记忆有难度	擅长口头表达，声音好听
视频录播	视频	所有内容	制作精良的视频在内容、氛围、感染力、操作性等方面效果较好	技术门槛较高，制作与迭代成本高，制作周期长	要求培训师镜头感好，有拍摄剪辑的团队或外包团队
语音直播	直播	知识性、理论性内容	语音、文字、图片相结合，授课与收听便捷，具有一定的互动性，便于回放	培训师需说完一段语音才能发送，具有一定的延迟性，实时互动效果一般	表达流畅
视频直播	直播	所有内容	体验感、互动性最佳	对网络要求较高，可能出现的意外事故较多	熟练使用直播工具，镜头感好，能随机应变
线上训练营	网课+社群	具有一定复杂度的内容	体验感好，学习氛围强。通过网课学习和社群运营管理，效果更有保障	以碎片化学习为主，培训周期长，运营成本高	擅长沟通、答疑，能够实战化解决问题
打卡	打卡	适合简单重复或步骤清晰的内容	长期陪伴学员，持续性强，黏性强	对学员的参与度投入要求高，运营服务重	能够长期坚持，正向激励学员
付费会员	多种形式组合	适合持续更新的内容	玩法丰富，持续性强，黏性强，甚至可以打造生态链	对内容输出的质量与数量要求高，运营服务重	需要耐心，能够长期输出可征服学员的内容

线上课要想达到好的效果，往往需要组合几种课程形式，这里列举一些常见的应用模式。

| 第十二章 |
培训师线上转型之道

应用一：直播课+录播课学习

该模式自 2020 年得到广泛应用，即培训师通过直播课打动客户，完成招生，然后通过线上训练营、视频录播课、语音直播课交付教学内容。例如，知名网络大 V 秋叶便重点采用该模式，秋叶团队中负责教 Office 技能的培训师通过微信、抖音等平台直播招生，学员报名后获得网易云课堂的 Office 网课，并通过社群进行答疑。

应用二：企业内训"直播+在线训练营+图文专栏"

傅老师在 2020 年新冠肺炎疫情暴发期间通过"直播+在线训练营+图文专栏"的模式积累了很多成功的企业内训案例，包含海尔集团、中国移动、招商银行、方太厨电等知名企业。

该模式的具体组织流程是：将培训内容"化整为零"，培训周期设置为一周到三个月不等。培训师通过真人直播远程授课，每节课给学员留作业，学员提交作业后，培训师通过社群指导作业与答疑。培训师通过 3～7 次课一步步完成课程内容的交付，并且有计划地帮助学员完成实践环节，最后产出企业期待的成果。

在学习的各个环节中，傅老师专门将学员需要的辅助材料做成图文专栏，以帮助学员沉淀学习成果，方便他们自主学习与长期使用。例如，在直播课程中，傅老师在图文专栏中编写了直播流程、直播设备清单、抖音操作手册、快手操作手册、今日头条直播操作手册、网络优化手册、直播话术手册等。傅老师充分发挥互联网优势，把培训做成了更加落地的项目，让学员在学中练、练后学，培训效果显著。

应用三：打造品牌

培训师想要打造品牌，通常需要做七个产品矩阵，包括新媒体矩阵、图书矩阵、网课矩阵、在线训练营矩阵、高端线下课矩阵、周边文创产品矩阵、品牌社群矩阵。这七个产品矩阵中，新媒体矩阵、网课矩阵、在线训练营矩阵、品牌社群矩阵都是通过线上课来完成的。

例如，本书的两位作者在2019年和2020年曾开办多期"培训师训练营"，做了完善的产品矩阵。两位作者首先通过喜马拉雅的音频课、今日头条的付费专栏帮助更多人了解培训师这个职业，了解课程开发与授课技巧，这是新媒体矩阵；然后开发出"培训师职业宝典""培训师基本功""打造金牌讲师"等网课产品，这是网课矩阵；继而开设"培训师21天线上训练营"，这是在线训练营矩阵；同时运营粉丝群，这是品牌社群矩阵。如果加上培训师双证班的面授课、培训师系列图书、联名茶叶等周边产品，就形成了完整的品牌矩阵。

三、平台选择

线上课放在哪个平台最好呢？答案是不一定，需要考虑平台的功能、用户的使用习惯、后期推广的需要等因素。

2016年被称为"知识付费元年"，涌现出大量知识网红与承载知识的新媒体平台，有的平台从出生到辉煌，再到死去，甚至不过两年时间。2016年，分答上线42天，红极一时。2018年2月6日，分答正式宣布更名为"在行一点"，归属到在行品牌中。作为百度布局在线教育领域主要产品之一的"百度传课"，也在2020年初正式全面停止服务与运营。2021年，在"双减政策"下，很多在线教育头部平台遭到较大的冲击。

第十二章
培训师线上转型之道

在知识付费"浪潮"中,有的平台不断发展,越来越好,有的平台在经历了短暂的绚丽后最终淡出市场,而大多数平台则不温不火,鲜有人知。培训师选择平台时,要了解有哪些种类的平台可以选择及其各自的特点。

适合承载培训师线上课的平台主要有两类,一类是流量型平台,一类是工具型平台。

1. 流量型平台

流量型平台是能为培训师的线上课带来流量的平台,如喜马拉雅、今日头条、B站、得到、知乎等。

流量型平台主要有两种模式:专业生产内容(PGC)和用户生产内容(UGC)。PGC的模式是:具有一定知名度和影响力的培训师,可以与平台合作,由平台负责宣传策划、文案、技术、推广等,培训师则负责内容创作,收益按照一定的比例进行分配。UGC的模式是:无论知名度高低、专业程度高低,每个培训师都可以在平台上发表作品,策划、制作、推广等全部环节由自己负责,需要支付给平台较少比例的服务费。

流量型平台最大的优势是平台自带流量,只要培训师能生产出足够受欢迎的内容,就有机会获得大量的粉丝与收益,正所谓英雄不问出处,大家凭本事吃饭,平台给了普通人大量的机会。近年来,很多人通过流量型平台获得了成功,收获了大量粉丝,形成了一定的行业影响力。

知名度不够高的培训师可以先选择UGC模式,自己制作好的内容，获得粉丝和平台的认可后，再采用 PGC 模式，与平台共同开发精品课。

2. 工具型平台

工具型平台指小鹅通、有赞等基于微信平台的 SaaS 型平台，也包含自主研发的平台。如果培训师有较大的团队，需要实现一些个性化的功能，那么可以自主开发小程序、App 等。对于大多数个人培训师或小团队而言，SaaS 型平台成本更低，使用更便捷。SaaS 型平台为用户搭建信息化所需要的所有网络基础设施及软件、硬件运作平台，并负责所有前期的实施、后期的维护等，企业无须购买软硬件、建设机房、招聘 IT 人员，即可通过互联网使用信息系统。

如果说使用自主研发的平台像买新房，企业什么都得购置，价格高昂，那么使用 SaaS 型平台就像租赁预先装修好的共享公寓，企业可以拎包入住，门槛较低。

对于培训师而言，使用工具型平台相当于搭建了一个自己的知识店铺。当前的主流平台几乎都支持图文、音频、视频、直播等形式的线上课，还可以进行用户管理、活动管理、社群管理、打卡、测试、考试等。

工具型平台只是一个工具，为培训师搭建好了基础设施，内容、流量等依靠培训师自己去运营。这种平台没有广告，不会骚扰用户，体验感较好。培训师需要考虑到的是，这些平台流量较少，培训师要对课程进行自行推广，需要产出有竞争力的内容，并采用有效的运营和推广手段。

3. 适合培训师的平台

表 12.2 列举了影响力较大的 20 个平台，以帮助培训师选择适合自己的平台。

表 12.2 影响力较大的一些平台

序号	平台名称	定位	特点
1	喜马拉雅	专业的音频分享平台，听书、听课、听段子	PGC+UGC 模式，流量大
2	得到	围绕知识网红打造的知识平台	入驻平台的门槛较高
3	知乎大学	将付费产品打包出售的一站式平台	粉丝价值较高
4	今日头条	付费专栏、圈子等多形式变现	用户基数大，变现方法多，适合大多数人
5	B 站	视频课程，粉丝购买为主	UP 主需要有铁杆粉丝
6	好好学习	涵盖多领域的知识平台	适合个人成长类内容
7	网易云课堂	专注职场技能提升的在线学习平台	国内最好的在线教育网站之一
8	慕课	在线教育平台	用户的知识水平较高
9	腾讯课堂	在线直播学习软件	具备较完善的课堂学习功能
10	微信公众号	基于微信的内容分享平台	普及度高，竞争激烈，有流量下滑的趋势
11	知识星球	实现知识变现的工具	适合培训师链接粉丝，便于社群运营
12	小鹅通	内容服务商	体验感较好，适合成年人学习
13	有赞	在线微商城	营销方法多，便于推广
14	蜻蜓 FM	音频分享平台	PGC 模式为主
15	千聊	知识变现的工具平台	女性用户较多，适合亲子类、个人提升类内容
16	荔枝微课	大众分享知识的平台	宣称基础功能终身免费使用

续表

序号	平台名称	定位	特点
17	同花顺	售卖"知识服务包"	财经专业服务
18	十点读书	读书与精品课分享平台	音频为主，听书、听课
19	微博V+	微博的大V会员服务	要求大V有较强的粉丝影响力
20	百度文库、豆丁等	付费文档类，用户付费下载	适合专业性较强的内容

四、录播课程策划与制作

录播课程是最常见的线上课形式之一，包含视频录播课与音频录播课。过去，在培训行业，培训师的课程会被刻录成光盘进行销售与传播。如今，互联网的发展，尤其是知识付费的快速发展，为培训师提供了更多的机会。制作一门好的录播课，通常需要经过五个流程：选题策划、设置时长、设计大纲、撰写章节内容、课程录制。

1. 选题策划

拥有一个好的选题就等于成功了一半。能成为爆款的线上课需要遵循四大标准。

（1）专业度：领域明确，定位专一

选题需要有明确的领域分类，内容应围绕培训师擅长的课程，与培训师的定位保持一致，这样认可度更高，线上课的长期价值也将更高。例如，傅老师在各大平台上线的线上课都与新媒体相关，包括直播带货、短视频营销、朋友圈营销等，这样能够塑造较好的专业形象。相

第十二章
培训师线上转型之道

反，我们还能看到一些讲领导力课程的培训师，线上课包含育儿经验、思维导图、课程设计等，这样一点都不聚焦，反而降低了培训师的专业度，用户很难买单。

(2) 普适性：受众广泛，有一定的用户基础

选题还要有一定的普适度，尽量避免受众人群小、冷僻、专业门槛过高等的选题。例如，曹老师讲"鱼塘式营销"，由于很多人不知道这个营销名词，因此他将选题调整为"大客户销售"；傅老师讲"DISC"，可是这个名词过于冷僻，普及度不高，于是他将选题调整为"高情商沟通"。

(3) 差异化：内容差异化

互联网上的课程竞争十分激烈，尤其是 2016 年以后，大量机构与个人纷纷涌进在线教育和知识付费的赛道，内容同质化严重。选题内容需要有差异化，即使是一样的内容，也要有独一无二的特色，只有这样才能在海量课程中脱颖而出。例如在今日头条，有创作者用数学逻辑讲英语语法，就与市面上的其他语法课有明显差异，从而成了爆款课。

(4) 实用性：用户有刚性需求

尽量选择能满足用户刚性需求的选题。例如，销售类课程是明显的实用性课程，好的销售课很容易成为爆款，而插画课则很难。目前，网络爆款录播课主要集中在以下几个类别。

个人成长类：投资理财、商业管理、人际关系、情商国学等；

技能提升类：工具软件、外语学习、演讲沟通、摄影摄像等；

亲子教育类：亲子育儿、K12 教育、亲密关系等。

2. 设置时长

策划时需要科学设计时长。线上课与线下课不同，线上课需要"化整为零"，将众多内容切分成多节，使用户获得更好的学习体验，具体需注意以下几点。

（1）每节时长以 3～10 分钟为宜，太长或太短都不好。如果每节时长多于 10 分钟，就要精简内容，减轻用户负担。如果每节时长接近 15 分钟且无法精简，则需考虑是否重新策划选题，做成两期。如果内容在 10 分钟之内没法讲明白，又无法做成两期，则需要更换讲述方式。

（2）配乐和片头不能喧宾夺主，开头和中间的过渡性配乐不宜过长，建议不超 3 秒。

（3）音频类内容应尽量口语化，通俗易懂，要"让用户听明白"。以让用户仅凭听就能掌握所有信息为佳，便于其坐车、走路时收听。如果用户必须辅以图表、文字才能理解，需要边看边听，那么这样的音频类内容是不合格的，比较适合做成视频类内容。

（4）视频类内容必须以"可以讲明白"为准，可通过文字、动画、图片等让用户在尽可能短的时间内听明白。

3. 设计大纲

录播课程的内容框架就像一栋房子的主体架构，好的内容框架能够大大提升用户的学习体验和学习效果，也便于课程推广。

内容框架主要体现在大纲中，主要通过精心设计大纲来完成课程设计。好的课程大纲应遵循以下原则。

第十二章
培训师线上转型之道

（1）有课程告知。培训师可安排 1～3 节先导课，向用户讲清楚课程主题、课程优势、课程目录、更新频率、学习建议等，如下图所示的"跟秋叶一起学PPT"的先导课。

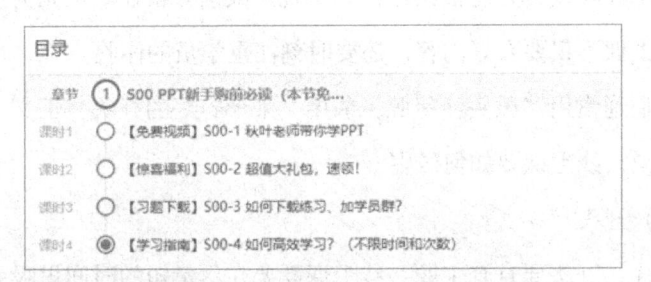

（2）正文部分的大纲，可以像一本书的目录一样，分为几个模块，每个模块包含几点，一目了然，有逻辑，成体系。很多平台有自己的专栏大纲模板，可以帮助培训师设计大纲。下图为今日头条付费专栏的大纲模板，供大家参考。

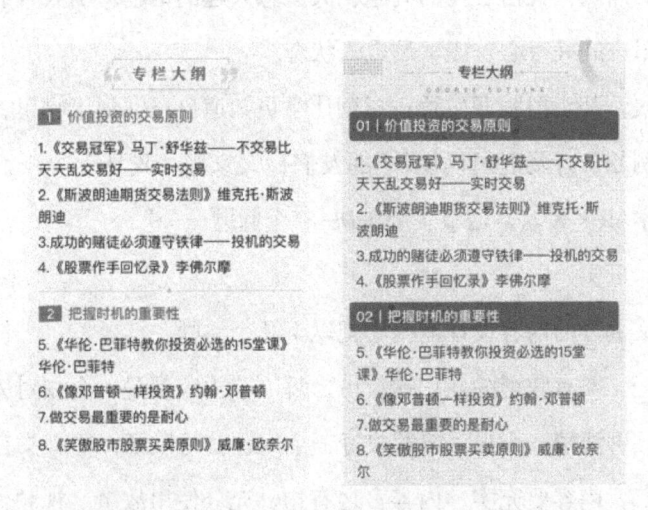

（3）部分大纲需要增加课程回顾和总结这样的结尾课。

4. 撰写章节内容

线上课的学习环境与线下课不同，没有场地的约束，加之学员使用手机、电脑等设备容易被其他信息干扰，吸引并留住学员尤为重要。因此，线上课不仅要有好内容，还要时刻注重学员的体验。

我们通常用"凤头、猪肚、豹尾"来形容好的开头、正文、结尾。具体来说，线上课要如何做呢？

（1）开头

首先，开头要直奔主题：线上课需要在尽量短的时间里吸引学员，否则学员很可能会流失，因此开头就要直奔主题，尽量在短时间内让学员学到东西，学有所获。

其次，开头要引发好奇：可以通过能够引起学员共鸣的场景、工作中遇到的痛点、直击心灵的问题、大家感兴趣的话题、引人入胜的故事等抓住用户的好奇心，让学员进入状态。

再次，开头要强调位置：时刻让学员知道自己学到了哪里，还要学什么。例如，开场时可以说："朋友们，大家好，我是×××。现在我们继续学习×××，这节主要解决×个问题……"

（2）正文

正文部分的内容设计需要牢记以下几个原则。

第一，要有完整的知识颗粒度。每一节内容都是一个相对完整的知识单元，讲清楚一个观点或解决好一个问题就可以了，要有头有尾。

第二，内容要充实。内容言之有物，充分使用故事、视频、图片等辅助理解。

第十二章
培训师线上转型之道

第三，结构要清晰。让学员跟着你的思路来学习和思考，避免其被"绕晕"。

第四，尽量口语化。用相对容易理解的表达方式让学员轻松掌握，避免使用过于晦涩难懂的语言和复杂的公式。如果涉及专业术语，也要进行解释，或者换成更加常用的词语，不给学员增加额外负担。

第五，注意过渡。正文的不同模块之间要有过渡，使前后内容衔接，例如，可以说："上节视频我们学习了直播带货的第二个技巧，现在学习第三个技巧……"

（3）结尾

第一，要有结束语。如果视频戛然而止，学员的体验感就很不好。通常可以在视频结尾处对本节做总结，并预告下一节的主题。

第二，要引导学员继续学习：通过对下节课精华的预告、课程亮点的强调来引导学员继续学习课程。

5. 课程录制

课程内容设计好后，便可进入课程录制环节。培训师常用的视频录制方式有以下几种。

（1）PPT 录屏方式

录屏指把电脑屏幕的操作录制下来，形成画面，配合培训师的讲解而形成的视频，是易操作、成本低的课程录制方式。录屏前要对屏幕进行"装修"。屏幕不仅可以播放 PPT，还可加入真人画面、辅助视频、图片等元素，使效果更好。

(2) 真人出镜录播课

真人出镜全屏录制的课程成本较高，但效果更好。培训师可以坐着讲，也可以使用道具、电子显示屏、白板等辅助教学，如果能设置多个摄像机位，视频效果会更好。如果培训师没有专业的录课室与设备，可以使用 OBS 软件进行录制，自己一个人就可以操作。

(3) 真实课堂录制

将培训师的真实课堂录制下来，最大限度地还原真实的教学场景，这在科技发达的今天已经变得很简单了。我们常把这类教室称为"智慧课堂"，教室里安装多个摄像头、麦克风，能够将培训师的课堂更好地录制下来。

相对于视频，录制音频的难度较低，可直接使用手机等简易装备进行录制。如果条件允许，还可以使用专业的录制设备，如麦克风、声卡、耳机、调音台和录音笔等，只要在安静、固定的环境里就能完成录制。

(4) 解说类视频课

解说类视频课是近年来逐渐流行起来的，科普类视频多采用该形式。具体的制作流程是：培训师写好稿子，将稿子读出来形成音频，再根据音频内容配上相应的画面。解说类视频课素材丰富，渲染力很强，但制作成本较高，推荐使用剪映 App。

(5) 动画类视频课

动画类视频课常见于对复杂知识的讲解、流程演示、模型演示等。例如，要讲清楚发动机的工作原理，光靠语言和图片很难全面剖析发动机的内部构造，此时就需要使用动画，甚至可以用建模来辅助学员理解。需要注意的是，很多动画类视频课正被真人出镜的视频课所取代。

五、直播课设计与讲授技巧

直播授课一直是个大趋势，只不过2020年席卷全球的新冠肺炎疫情大大加速了该趋势，使众多企业和个人真正体验了一把。

在未来的企业培训与个人学习中，线上与线下相结合的混合式培训将成为常态。在2020年1月至6月的半年时间里，很多资深培训师因无法在线下开展聚集性培训而被迫歇业，不少培训师的课量突然变成了零，培训师的压力非常大。本书作者曹老师与傅老师在2018年就重点布局了直播课，在新冠肺炎疫情暴发之后，便立刻转型线上直播授课，受到市场的欢迎和认可。

如今，直播授课已是培训师的一项必备技能，所有培训师都应认真学习。

为什么直播授课还要专门学习呢？因为直播时的教学环境、学员状态、教学工具、呈现方式等与线下课有着天壤之别。培训师要想做好直播课，需要过"三大关"，至少走好七步。

（一）直播授课三大关

1. 产品关

在线上，课程内容要以产品的形式呈现，每一块内容都要有相对完整的、有颗粒度的知识单元。这些知识单元合在一起便能成为完整的课程，分开来又可供学员碎片化学习。能合能分的课程才是合格的线上课程。

在线下，内容是以时间为维度划分的，比如半天课、一天课或两天课。但是，大家在线上学习时，能够集中注意力的时间是有限的，通常一个小时以内没问题，两个小时就是上限了，而如果超过两个小时，学员的注意力就会急剧下降，学员甚至会坐立不安，培训效果自然也不会太好。

因此，线上课的内容需化整为零，切分为一个个模块，让学员可以分次学习。如果你的内容需要学员连续学习三四个小时才能明白，那么这样的课程就是不合格的，因为它与线上学习环境和学员状态不匹配。

直播课的课程设计要重点考虑课程内容产品化。好比卖日用品，商家需要把这个产品需要的辅助器材、产品说明书、售后服务等都准备好。同样，围绕课程产品，培训师也要补充必要的资料、工具等。直播授课只是产品交付的其中一个环节，而非全部。

2. 教学关

培训师在直播时无法看到学员，无法根据学员的实时状态来调整讲课的节奏，这对培训师来说是一项大挑战。

培训师要磨炼出线上教学的能力，首先要攻克的教学难关就是镜头感。培训师在教室里对着真实的学员讲课，容易有讲课的感觉，但对着一个摄像头讲课，培训师也很难有身临其境的感觉。镜头感是可以练的，就像演员的演技可以练出来一样。训练镜头感最好的办法是多讲。

第十二章
培训师线上转型之道

傅老师刚开始的镜头感并不好,但是他从2020年春节开始坚持每天直播。时间长了,他对着镜头讲课就越来越自然了。很多培训师对着镜头讲课没感觉,甚至紧张得说不出话来,这不是因为他们的天赋不高,而是因为他们练得太少。

其次,因为培训师和学员无法面对面交流,所以培训师需要通过丰富的肢体语言和表情、富有感染力的表达方式,以及互动、激励等方式来激活学员,留住学员。培训师要把自己当成一个演员,该笑时便放肆地笑,该怒时便尽情地怒,该深情时则让全世界都感受到温暖。记住,你认真了,别人才会认真。

3. 技术关

网络稳定与安全是直播课的基础保障。我们看到很多培训师的能力没问题,但总被各种意外情况打败。例如,说好8点上课,结果到时间了,培训师还在手忙脚乱地摆弄设备,学员被"晾"在一边。还有的培训师开播后才发现网速不佳,调来调去,直到9点才开始直播,这都是非常严重的教学事故。因此,培训师在直播前要充分测试,掌握科学的方法,尽可能做到99%的把握,对所有意外情况都要准备好两套解决方案。如果网络瘫痪了,你有没有备用的直播方案?如果一部手机突然死机了,你有没有备用手机立马顶上?作为一名合格的培训师,这些问题必须在课前解决,否则出事故是迟早的。

培训师只要能过这三大关,就可以顺利完成一场直播课。那么培训师又该怎样做出一场精彩的直播课呢?这里教给大家直播授课七步法。

（二）直播授课七步法

1. 第一步：课程设计

众所周知，由于授课环境不同，直播课与线下课的课程设计自然有所差别。直播课的课程设计流程与线下课的课程设计流程几乎一致，主要包含课前调研、需求分析、撰写学习目标、结构设计、内容开发等，但是直播课的内容安排和呈现方式与线下课有较大区别。一门好的直播课的课程设计应注意以下六个方面。

（1）教材产品：包含学员讲义、音视频案例、图文资料和书籍等。

（2）课堂讲解：可采用直播讲解、录播音视频+互动、远程指导和一对一咨询等。

（3）互动方式：如果培训师只是单纯地讲课，学员便会逐渐失去耐心，甚至会弃课而去。解决方式是设计一些互动环节，如抽奖、有奖抢答、连麦、接龙等。

（4）教学答疑：常用的答疑方式有直播答疑、社群答疑、手册答疑、自媒体答疑等。

（5）作业实践：因为在线上无法像在现场一样立即练习，因此培训师要留作业供学员课后实践。作业批改可采用培训师点评模式、范例模式、挑战模式等。

（6）测评表彰：培训师可运用积分模式、评奖模式、通关模式等提高学员参与度。值得提醒的是，如果采用评奖模式，培训师可以自拟一些有意思的荣誉名称，然后制作成精美的电子版荣誉证书颁发给学员。

例如讲授短视频课程，培训师可以根据学员提交的作品给予学员"最佳男主角""最佳女主角""最美笑容奖""最佳表情奖"等荣誉称号。

2. 第二步：测试

与客户确认好用哪个平台直播后，要对该平台和培训用到的设备进行测试。

首次直播的培训师至少要提前一周进行测试，可以在平台上创建一个用于测试的直播间，把整个流程走一遍，一旦发现哪里操作不熟练就赶紧练习，哪些设备缺乏就赶紧采购。为什么要提前一周？因为如果预留的时间不够，设备来不及采购和调试将影响正式的培训效果。有经验的培训师可以提前一两天进行测试，千万不要认为自己有经验就忽略提前测试。若等到开播时才突然发现直播软件打不开、要更新版本或重新下载，才开始各种安装调试、手忙脚乱，便会导致课程无法准时开播从而造成教学事故。

有备而无患，越早测试越稳妥。当然，即便是提前几天已经测试好了，在开播前一天也要再次确认，以防临时出现意外。

3. 第三步：开播准备

直播前一小时要做好开播准备，要测试网络是否正常与稳定，并将与直播无关的联网设备关掉，把灯光、话筒等硬件设备调试好，提前进入直播平台，准备好课件和辅助资料，将直播过程中要用到的道具、水、奖品等放在身边，换好衣服、化好妆、找好角度，排除各项干扰因素等待直播。

这些事情看似琐碎，但每一项都很重要，只要有一项出问题，就有可能导致"翻车"。这些调试通常得花费半个小时左右，此外，培训师还要预留半个小时来解决突发事件，比如网速过慢需要重启路由器、直播软件突然打不开需要卸载后重新安装等。

培训师要切记，凡事都要准备两套方案，防患于未然。如果有助教或助理，可以把这些环节形成流程与清单，让他们提早协助准备。若培训师早早地布置好了这些，离开播还有不少时间，此时他们可以熟悉课件或处理一些其他事情。看似一个小时的直播，实际上需要耗费培训师半天的时间。

微信公众号搜索"傅一声"，关注公众号并回复关键词：转型培训师，即可免费领取开播准备清单。

4. 第四步：开场抽奖

直播课与线下课一样，也需要开场破冰，没有破冰的课堂，效果一般不会太好。然而，破冰也需要花时间，直播课的时间本来就短，如果浪费了时间，客户会不满意。因此，培训师应切记，破冰环节必须放在正式上课之前。例如，课程定于下午两点开始，培训师可以提前五分钟进入直播间，播放暖场的音乐(微信公众号搜索"傅一声"，关注公众号并回复关键词：转型培训师，即可免费领取直播间常用的音乐清单)，与早到的学员聊聊天，通过聊天时学员的反馈来测试直播状态。这时常用的话术是："各位亲爱的朋友，大家现在可以正常看到画面、听到声音吗？如果一切正常，请在评论区敲'1'，谢谢。"

简单寒暄后，培训师可以在开播前三分钟组织抽奖。为什么要抽奖？研究了市面上绝大多数直播，并结合培训行业的特点，我们发现，开场直播抽奖是最好的破冰方式，一来可以调动学员的积极性，给他们一些小激励，二来在抽奖过程中可以引导学员发抽奖口令，提高学员的参与度。抽奖后，培训师或助教需记录获奖人员的名单与联系方式，以便课后跟进、发放奖品。抽奖破冰后，培训师应立刻进入正式授课环节，不浪费任何时间。

5. 第五步：内容讲解

与线下课相比，直播课干扰多、学员耐心不足、缺乏有效监督，因此培训师在讲解内容时要牢记以下三点。

第一，不要讲太多废话。学员一旦在直播中感觉没意思或没收获，就可能会离开直播间。很多培训师在直播课上要花三分钟以上做自我介绍，学员会认为培训师太啰唆、不讲干货，上课实在是在浪费时间，他们便会离开直播间。

第二，尽量口语化，浅显易懂。即使是专业性内容，也要尽量深入浅出。如果学员听起来很费劲，思路跟不上，就不会继续认真听下去，甚至会把手机扔在一旁做其他事情。

第三，培训师需要换位思考，在看不见学员的情况下正确预判学员的学习状态，从而控制好授课节奏。例如，在讲到一个较难的理论模型时，培训师要放慢节奏，引导学生思考，甚至重复强调重点内容；在讲到一些很简单或不是特别重要的内容时，可以稍微加快速度。总之，要做到快慢结合、张弛有度。

6. 第六步：精彩互动

互动是直播课的一大挑战。如果学员太活跃，培训师面临的挑战是如何照顾到学员的热情又不耽误授课进度；如果学员太沉默，培训师面临的挑战是如何激励学员参与互动。如果互动过多，学员可能会不满意，觉得培训师在浪费时间；如果互动过少，学员可能会质疑培训效果，认为培训师讲得不好。

这里分享三个非常实用的互动技巧。

第一，每讲完一部分内容，培训师都可以与学员互动一下。例如，培训师可以说："大家对这个模型还有没有问题？有问题的朋友请在评论区留言，没有问题的朋友请点赞。"培训师通过互动让学员时刻知道自己学到了什么，学到了哪里，以此来推动授课进度。

第二，充分利用平台的功能，如抽奖、评论、点赞等。

第三，培训师可以适当地多一些幽默感，营造良好的课堂气氛。

7. 第七步：答疑

培训师要充分照顾学员的感受。学员提出问题，培训师应及时解答。培训师可以根据学员的活跃程度与人数预留一定的答疑时间。如果直播时不方便深入答疑，也可以直播后到学员群中答疑。

培训师若能把以上七个步骤都做好，那么他的直播课将十分精彩。直播课与线下课一样，都需要培训师勤奋练习、不断总结、不断提升，这样才会有好的课堂效果。

（三）如何设计直播项目

培训师不仅要具备直播授课的能力，还要具备做直播项目的能力，通过互联网长期陪伴客户，持续辅导学员，让培训效果更加落地，帮助客户提高业绩。

2021年开始，线上直播项目逐步成为培训行业的常规交付方式。如果企业学员过于分散，不便于集中培训，则可实施纯线上的直播训练营；如果有安排线下培训，则可在线下培训的前期与后期安排直播项目，前期直播项目以知识和技能的学习为主，为线下培训做好准备，后期直播项目以绩效提升为主，跟踪学员的实践，推动实际成果的转化。

如何设计直播项目？需要安排哪些课程？如何交付？时间点和目标如何确定？这里用两个真实的项目方案给大家做个示范。

案例一：方太厨电 21 天直播训练营方案

2021年7月20日，河南遭受特大洪灾，河南省多个城市发生了严重内涝，不少地区的线下商业遭受巨大损失。水灾还没完全过去，郑州、商丘、驻马店等地又出现新冠肺炎疫情，全民抗疫，人们尽量减少外出，线下门店生意一落千丈。我国知名家电品牌方太厨电被迫转向线上营销。方太厨电请傅老师为河南全省的员工、经销商进行线上直播带货培训。8月初，傅老师与企业领导层进行沟通，立即制定了直播项目方案（如下图）。

```
直播模式工作坊    直播授课      学员实践      辅导提升
   2小时       2天×4小时    10~20天      2小时
```

（1）通过腾讯会议与管理层开展"直播模式工作坊",就企业现状、目标、资源等进行深度沟通,采用教练、引导、培训等技术,确定企业的直播模式与制度。

（2）通过两天的线上直播授课,完成知识、技能的讲解。培训师根据企业的实际情况、主要产品,开发有针对性的课程。

（3）给学员10~20天的实践时间,根据学员的完成情况决定下一阶段如何开展工作,并预留一定的调整空间,实际的实践期为15天。

（4）针对学员实践期的表现,进行复盘和辅导。

该项目总共耗时21天,陪伴学员从直播"小白"成长为直播高手。如果后续条件允许,再进行现场授课,效果更佳。

案例二：中国移动"现场+直播"项目方案

在"数智化"转型的背景下,中国移动某省公司在内容运营（视频直播、图文、新电商详情页）和企业微信运营工作中遇到困难,亟须专家参与到实际项目中进行专业指导,以提高运营人员的能力、提升思维认知、优化工作细节、建立标准化运营流程。于是,傅老师被邀请来做新媒体营销落地项目。

出于地域、时间、财务成本和沟通频率的考虑,该项目采用"线下+

第十二章
培训师线上转型之道

线上"相融合的辅导模式。培训师定期来企业现场辅导，平时更多地以线上方式参与企业的实际工作。实际安排见表 12.3。

表 12.3 中国移动某省公司培训安排

工作	月份	时长	总时长	地点	备注
线下	9月	4天	10天	公司会议室、工作现场	以工作小组为单位，例如短视频策划主题的培训由短视频团队参与
	10月	4天			
	11月	2天			
线上	9月	4次	12次	腾讯会议、钉钉为主	以工作任务为单位，即时沟通与工作
	10月	4次			
	11月	4次			

结语

CONCLUSION

由于出版篇幅和能力所限,本书还有诸多不够详尽、深入和严谨的地方,若有不当之处还请读者朋友们多多谅解。

作为资深从业人员,我们见证了培训行业从萌芽、发展到兴旺的整个历程。职业培训师作为一个新职业被国家认可,我们感到无比高兴与荣光,也说明这份职业得到了大家的关注和重视。我们也希望能有更多优秀的顶尖人才加入培训师的行业,给企业运营和个人发展带来更多帮助,为祖国的建设贡献自己的力量!

踏入培训行业之前,还请做好最充分的准备,做事先做人,努力成为专家而不是"砖家",走上讲台就要为台下的学员负责。

在本书结尾处,我们送给广大培训师三点建议。

第一,保持谦卑心态。

不要被鲜花和掌声冲昏头脑,只有始终保持谦卑和学习的心态,你才有可能成长为受人尊敬的教师。

第二,传播正能量。

"传道授业解惑"是我们的从业宗旨,还请把教书育人和传播正能量作为主要使命。培训是手段和过程,目的是让学员能在课堂上学到知识、掌握技能,我们要对得起"教师"这个神圣的称呼。

第三，秉持职业操守。

培训师属于自由职业，看似没有约束，实则非常需要自律。培训师要始终把职业操守放在首位，无论课堂上的"三不讲"，还是职业中的不碰"红线"，要记住，唯有自律，才能带来自由。

在本书的创作中，感谢电子工业出版社郭景瑶编辑的全程陪伴与悉心指导，她为本书提供了很多宝贵的意见与建议！感谢林伟贤、秋叶、李海峰、付遥、季佩枫、剽悍一只猫的鼎力推荐！

参考文献

REFERENCES

[1] 本斯.引导：团队群策群力的实践指南：第 4 版 [M].任伟，译.3 版.北京：电子工业出版社，2019.

[2] 波洛克，杰斐逊，刘美凤.培训师的三堂必修课 [M].北京：电子工业出版社，2017.

[3] 曹大嘴，傅一声.鱼塘式营销：小成本撬动大流量 [M].北京：电子工业出版社，2019.

[4] 陈明宇，曹大嘴，傅一声.大客户营销 [M].北京：电子工业出版社，2021.

[5] 段烨.培训师 21 项技能修炼 [M].北京：北京联合出版公司，2014.

[6] 付遥.输赢 [M].成都：四川文艺出版社，2021.

[7] 加涅，韦杰，戈勒斯，等.教学设计原理：第 5 版 [M].王小明，庞维国，陈保华，等译.上海：华东师范大学出版社，2018.

[8] 卡耐基.卡耐基魅力口才与演讲的艺术 [M].半夏，译.北京：北京联合出版公司，2015.

[9] 林伟贤.魅力口才 [M].合肥：安徽教育出版社，2007.

[10] 派克.重构学习体验：以学员为中心的创新性培训技术 [M].孙波，庞涛，胡智丰，译.南京：江苏人民出版社，2015.

[11] 秋叶，陈陟熹．和秋叶一起学 PPT[M]．4 版．北京：人民邮电出版社，2020.

[12] 斯托洛维奇，吉普斯．交互式培训：让学习过程变得积极愉悦的成人培训新方法 [M]．派力，译．北京：企业管理出版社，2012.

[13] 田俊国．精品课程是怎样炼成的 [M]．北京：电子工业出版社，2014.

[14] 韦斯．咨询顾问的商业思维：第 5 版 [M]．李海峰，彭淑军，冯玉秀，译．北京：清华大学出版社，2021.

[15] 希尔伯曼．如何做好生动培训：第 2 版 [M]．孙丰田，译．北京：机械工业出版社，2013.

[16] 杨思卓．职业培训师的 8 堂私房课 [M]．北京：北京大学出版社，2013.

[17] 袁茹锦．化书成课：培训师快速打造爆款课的秘诀 [M]．北京：清华大学出版社，2020.

[18] 周平，范歆蓉．培训课程开发与设计 [M]．北京：北京联合出版公司，2015.